读历史长智慧

反经

（唐）赵蕤◎著

明哲◎选注

中国书籍出版社

China Book Press

图书在版编目（CIP）数据

反经：读历史长智慧 /（唐）赵蕤著；明哲选注 .

—北京：中国书籍出版社，2023.9

ISBN 978-7-5068-9549-1

Ⅰ.①反… Ⅱ.①赵… ②明… Ⅲ.①政治－谋略－
中国－古代 Ⅳ.① D691

中国国家版本馆 CIP 数据核字（2023）第 171910 号

反经：读历史长智慧

（唐）赵蕤　著；明哲　选注

责任编辑：毕　磊
责任印制：孙马飞　马　芝
封面设计：阳春白雪
出版发行：中国书籍出版社
地　　址：北京市丰台区三路居路 97 号（邮编：100073）
电　　话：（010）52257143（总编室）　　（010）52257153（发行部）
电子邮箱：chinabp@vip.sina.con
经　　销：全国新华书店
印　　刷：唐山楠萍印务有限公司
开　　本：680 毫米 ×920 毫米　1/16
字　　数：191 千字
印　　张：16
版　　次：2023 年 9 月第 1 版　2023 年 9 月第 1 次印刷
书　　号：ISBN 978-7-5068-9549-1
定　　价：45.00 元

前 言

　　《反经》，又叫《长短经》，是一部以唐朝以前的华夏历史为论证素材，以谋略为经、历史为纬的纵横学著作，也是一部融合儒、道、兵、法、阴阳、农等诸家思想的传世名著。学界普遍认为，《反经》为唐朝人赵蕤所著。全书集诸子百家学说，汇王霸谋略之道，涉及君臣德行、任人用长、钓情察势、霸略权变等内容，全书夹叙夹议，史论结合，再现了我国古代谋略世界中的精彩时刻，为现实生活中的人们提供了不可多得的谋略智慧。

　　在编排《反经：读历史长智慧》一书时，我们以"取其精髓、务求实用"为原则，打破了原作中的分卷体例和形式，精选了其中的经典名篇佳作，每一篇均设置了题解、原文、注释、译文等版块，以通俗易懂的语言进行全面释义和解析，深入浅出地阐述了文章旨在表达的道理。为降低阅读难度，我们还对原文中的生僻字、难字进行注音，从而扫清了阅读中的障碍。通过阅读，能使读者多角度、全方位地获得完整的历史信息，领略篇章蕴含的主旨和道理。

除此之外，为了让读者更深入地掌握篇章精髓，明辨其理并达到举一反三的效果，我们依据《反经》中的篇章内容，加入了与之相关的文作，或引用历史事件，或谈及中外名人，或论及哲理故事等各个方面，涵盖了处世、用人、变通、管理、语言、谋略、生存、经商等各个领域的内容。在娓娓道来的讲述中，让读者获得知识的给养、思想的洗礼、做人的智慧和处世的谋略。无论是对工作学习、自我修养、日常处世，还是商业往来、公关游说、生存之道等，都具有很强的借鉴和实用意义。

古人说："读书何所求？将以通事理。"闲暇之余，翻阅一下《反经》，会使我们看清事物发展的内在规律，更加明晰做人做事的道理，更能懂得人际交往的禁忌与良训，更好地掌握生存的谋略与智慧，从而于潜移默化中获得人生的成长。愿这部留传一千多年的经典之作，成为我们生活中的良师益友，成为指引我们持续前行的文化灯塔。

目 录

任 长

◇题解

天下之人，才德各异。在中国历史上，出现了众多才能非凡的人物，他们在不同领域缔造了瞩目的功勋。然而，并不是每个人都才德俱佳，兼通百行。所以重视人才的君主，要懂得善用其长这一道理，才能使得人才的优势得到充分的发挥。在这一篇中，详细阐述了如何"任其所长"的治世之法，颇有借鉴意义。

◇原文

臣闻："料才核能，治世之要。自非圣人，谁能兼兹百行，备贯众理乎？故舜合群司，随才授位；汉述功臣，三杰异称。况非此俦①，而可备责耶？"

◇注释

①俦（chóu）：类。

◇译文

臣下我听说："考察和衡量人的才能，是治理天下的关键。既然我们不是圣人，谁又能通晓各行各业，系统掌握天下各种的理论呢？所以舜统管各个部门，根据各人的才能而授予不同的官职；汉高祖刘邦讲论功臣，对张良、萧何、韩信这三人的才干各有不同的评价。何况一般人不能和这些人杰相比，怎么可以求全责备呢？"

◇原文

昔伊尹①之兴土工也，强脊者使之负土，眇②者使之推，伛者③使之涂，各有所宜而人性齐矣。管仲曰："升降揖让，进退闲习，臣不如隰朋④，请立以为大行⑤。辟土聚粟，尽地之利，臣不如宁戚⑥，请立以为司田。平原广牧，车不结辙⑦，士不旋踵，鼓之而三军之士视死如归，臣不如王子城父⑧，请立以为大司马。决狱折中，不杀不辜，不诬不罪，臣不如宾胥无⑨，请立以为大理。犯君颜色，进谏必忠，不避死亡，不挠富贵，臣不如东郭牙⑩，请立以为大谏。君若欲治国强兵，则五子者存焉。若欲霸王，则夷吾在此。"

◇注释

①伊尹：商代大臣，助汤伐夏桀，建立商朝。

②眇（miǎo）：瞎了一只眼睛，亦指两眼俱瞎。眇者，泛指盲人。

③伛（yǔ）者：泛指驼背的人。伛，曲，弯。

④隰（xí）朋：春秋时期齐国著名大夫。

⑤大行：古代官名，掌接待宾客。

⑥宁戚：春秋时卫国人，为齐桓公主要辅佐者之一。

⑦结辙：辙迹交错，谓退车回驶。

⑧王子城父：春秋时期齐国著名将领。

⑨宾胥无：春秋时期齐国大夫，辅佐齐桓公的重要大臣之一。

⑩东郭牙：春秋时期齐国著名谏臣。

◇译文

从前商朝宰相伊尹大兴土木的时候，用脊力强健的人来背土，让盲人来推车，让驼背的人来涂抹，使每个人都做适宜的事，从而使每个人的特长得到了充分发挥。管仲说："对各种进退有序的朝班礼仪，我不如隰朋了解，请让他来做大行吧。开荒种地，收聚粮食，充分发挥地利，我不如宁戚，请让他来做司田吧。在平坦广阔的战场上，能指挥战车往来冲杀而不混乱，将士勇往直前，义无反顾，战鼓擂响后能使三军兵将视死如归，我不如王子城父，请让他来做大司马吧。秉公执法地处理案件，不滥杀无辜，不冤枉好人，我不如宾胥无，请让他来做大司理吧。敢于犯颜直谏，尽职尽忠，以死抗争，不畏权贵，我不如东郭牙，请让他来做大谏吧。国君您若想治理国家使之富国强兵，有这五个人就够了。若想成就霸业，那就得靠我管仲了。"

◇原文

黄石公[1]曰："使智，使勇，使贪，使愚。智者乐立其功，勇者好行其志，贪者决取其利，愚者不爱其死。因其至情而用之，此军之微权也。"

◇注释

①黄石公：传说是秦末汉初的著名隐士之一，后得道成仙，被道教纳入神仙谱。

◇**译文**

黄石公说："起用有智谋、有勇气，甚至一些贪财、愚钝的人，就要设法使智者争相立功，使勇者得遂其志，使贪者乐于逐利，使愚者勇于牺牲。根据他们每个人的性情来使用他们，这就是用兵时最微妙的权谋。"

◇**原文**

《淮南子》曰："天下之物莫凶于奚毒[1]，然而良医橐[2]而藏之，有所用也。麋之上山也，大章[3]不能跂[4]；及其下也，牧竖[5]能追之。才有修短也。胡人便于马，越人便于舟。异形殊类，易事则悖矣。"

◇**注释**

[1]奚毒：附子，多年生草本植物，俗称僧鞋菊。叶茎有毒，根尤剧，可入药，对虚脱、水肿、霍乱等有疗效。

[2]橐（tuó）：袋子，这里指用袋子装。

[3]大章：一说作"大獐"，即獐子，哺乳动物，善于奔跑。

[4]跂（qǐ）：通"企"，及，赶得上。

[5]牧竖：牧童。

◇**译文**

《淮南子》说："天下之物要说毒性没有像附子这么凶险的，但是高明的医生却把它收藏起来，因为它有独特的药用价值。麋鹿上山的时候，善于奔跑的獐子都追不上它；等它下山的时候，牧童也能追得上。可见在不同的环境中，人的才能有长短之别。比如胡人善于骑马，越人善于划船。形式和种类都不相同的事物，一旦互换去行事，就有违事理了。"

◇原文

魏武诏曰："进取之士，未必能有行。有行之士，未必能进取。陈平岂笃行，苏秦岂守信耶？而陈平①定汉业，苏秦②济弱燕者，任其长也。"

由此观之，使韩信下帷③，仲舒当戎，于公④驰说，陆贾⑤听讼，必无曩时⑥之勋，而显今日之名也。故任长之道，不可不察。

◇注释

①陈平：西汉初年著名大臣，在追随刘邦之初曾被人指责品行不端，而刘邦任用不疑。后屡立奇功。

②苏秦：东周洛阳人。他主张关东六国联合抗击秦国，是与张仪齐名的纵横家代表人物。

③下帷：放下室内悬挂的帷幕，指教书或苦读，不问世事。

④于公：西汉人，汉宣帝时丞相于定国之父。他精通法律，治狱勤谨，以善于听讼断案而为时人所称赞。

⑤陆贾：西汉政治家、文学家，著有《新语》等。

⑥曩（nǎng）时：往时，从前。

◇译文

魏武帝曹操下诏说："有进取心的人，未必一定有德行。有德行的人，不一定有进取心。陈平难道有忠厚品行？苏秦难道诚信守诺？然而陈平帮助奠定了西汉王朝的基业，苏秦拯救了弱小的燕国，原因就在于他们的特长都得到了充分发挥。"

由此看来，让韩信在家中苦读，让董仲舒去带兵打仗，让于公去游说诸侯，让陆贾去听讼断案，谁也不会创立先前那样的功勋，也就不会有今天这样的美名。所以任长的原则，不能不仔细研究。

◇ 管理智慧

让合适的人做合适的事

企业有效发挥人才的价值，让合适的人做合适的事，是提高执行力的重要途径之一。

美国第一代钢铁大王安德鲁·卡内基的发迹，关键在于他善掌"万能钥匙"。他起家之时两手空空，但到去世时已拥有近20亿美元的资产。人们对于这位半路出家的"钢铁大王"的成功感到十分迷惑不解。

其实，卡内基的成功除了他有可贵的创造精神外，还有一点非常关键，就是作为企业的领导者，他善于识人和用人。卡内基说过："我不懂得钢铁，但我懂得制造钢铁的人的特性和思想，我知道怎样去为一项工作选择适当的人才。"这正是他一生事业成功的"万能钥匙"。

卡内基曾说过："即使将我所有的工厂、设备、市场、资金全部夺去，但只要保留我的技术人员和组织人员，4年之后，我将仍然是'钢铁大王'。"卡内基之所以如此自信，就是因为他能有效地发挥人才的价值，让合适的人做合适的事。

比如，世界出色的炼钢工程专家比利·琼斯，就终日在位于匹兹堡的卡内基钢铁公司埋头苦干。

企业的人才有时就像企业生产产品所需要的材料一样，必须十分合适，如果所选的人才不合适，就无法满足企业的需要。让合适的人做合适的事，才能突出有效执行的能力，否则就很难达到目的。大家都知道，执行力是有界限的，某人在某方面表现很好，并不表明他也能胜任另一工作。

比如，作为一个企业的高层领导者，应该明白，一个工程师在开发新产品上卓有成就，但他并不适合当一名推销员。反之，一名成功的推销员在产品促销上可能很有一套，但他对于如何开发新产品却一窍不通。

同样道理，正如企业的高层领导者不能依靠排球运动员去操办一场超级排球大赛；不需要医学家去当药品销售商一样。企业的高层领导者不能因某人在某个行业的名气、地位就认为他能做好另一专业的工作。这个道理对任何行业录用人才都是适用的。

所以，企业在选聘人才时，应考虑其执行力是否与职位的要求相匹配，只有选聘适合职位要求的人才，才能为企业创造价值。

企业高层管理者用人不是抓住一个是一个，关键要看他是否符合自己的需要，是否和自己的决策对路。否则，那些被招来的人就会成为管理者的包袱。

彼得斯曾指出："雇用合适的员工是任何公司所能做的最重要的决定。"他把管理工作概括为："让合适的人去做合适的事。"然而，如果你雇用了一些不合适的人，你就别指望他们能把该做的事做好了。

在美国，通用电气公司早已成为一个令全美企业垂涎的人才库。培养人才是通用公司总裁杰克·韦尔奇的重要经营之道。他喜欢物色人才、追踪人才、培养人才，并把他们放到相应的工作岗位上。他说："一旦我们把人都调动起来了，我们的事就做完了。"

杰克·韦尔奇曾这样说过："我们能做的一切，就是把宝押在我们选择的人身上。所以，我的全部工作便是选择适当的人。"

在通用电气公司，罗伯特·莱特、副董事长兼CEO丹尼斯·达梅尔曼、主管公司资本的格雷·温茨、经营医药的约翰·屈尼等人，都是在他们各自的位置上工作多年的优秀人才。韦尔奇能让合适的人做合适的事，能让他们在各自的位置上做得越来越好。

大部分企业高层管理者的成功，都在于他们能够让合适的人做合适的事，能找到拥有执行能力的人。

如何提高执行力，其关键的一点是企业高层管理者找到合适的人，并发挥其才能。执行的首要问题实际上是人的问题，因为最终是人在执行企业的策略，并反馈企业的文化。柯林斯在《从优秀到卓越》中特别提到要找"训练有素"的人，要将合适的人请上车，不合适的人请下车。他在书中说："假设你是个公共汽车司机，公共汽车也就是你的公司，就停在那里，等待你来决定，去哪里，怎么去，谁和你同行。"

很多人会认为，伟大的司机（企业高层领导）会马上振臂高呼，然后发动汽车，带着车上的人向一个新的目的地飞速驶去。但是事实上，卓越的企业高层领导人所做的第一步不是决定去哪里，而是决定哪些人去。他们首先选合适的人上车，请不合适的人下车，然后将合适的人安排到合适的位置上。不管环境多么困难，他们都遵从这样的原则：首先是选人，然后才确定战略方向。

让合适的人做合适的事，远比开发一项新的战略更重要。这个宗旨适合于任何一个企业。执行的过程就等于下一盘棋，企业高层领导者要尽量发挥人才的资源优势和潜力，并把他放在最合适的位置上，把任务向他交代清晰，就可以做到最好。

品 目

◇题解

人活于世，会遇到形形色色的人，然而要想辨别好与坏、贤与奸之人，并不是一件容易的事情。对一个君主来说，如果不能很好鉴别，用人失误，严重的会导致社稷倾颓，走向灭国。对于个人而言，不能辨别好坏之人，可能会给自己带来祸患，甚至失去身家性命。在本篇中，详细地讲述了人才的分类，以及如何辨别人才的方法。

◇原文

夫天下重器①，王者大统，莫不劳聪明于品材，获安逸于任使。故孔子曰："人有五仪②：有庸人，有士人，有君子，有圣，有贤。审此五者，则治道毕矣。"

◇注释

①重器：珍贵的器物，意指治国的关键。
②仪：容貌、风度。这里引申为人的内在品性。

◇译文

国之重器，治国之关键在于，君王想要一统天下，无不劳心费神辨别人才之德能高下并量才使用，如此才能自如使用。所以孔子说："人可分为五类：庸人、士人、君子、圣人、贤人。能清楚明白地分辨这五类人，那么治理天下的道理就全在其中了。"

◇原文

所谓庸人者，心不存慎终之规，口不吐训格之言[1]，不择贤以讬（tuō）身，不力行以自定，见小暗大[2]而不知所务，从物如流而不知所执。此则庸人也。

所谓士人者，心有所定，计有所守。虽不能尽道术之本，必有率[3]也；虽不能遍百善之美，必有处也。是故智不务多，务审其所知；言不务多，务审其所谓；行不务多，务审其所由。智既知之，言既得之，行既由之，则若性命形骸之不可易也。富贵不足以益，贫贱不足以损，此则士人也。

◇注释

①训格之言：指可以奉为行为准则的教诲之言。
②见小暗大：指小事清楚，大事糊涂。
③率：遵循之意。

◇译文

那些被称作庸人的，内心深处没有严肃慎重的信念，说话口无遮拦，没有可奉为教诲的言语。结交朋友不选择贤德之人作为依靠，不愿努力以使自己在社会上立命安身。小事明白，大事糊涂，目光短浅，不识大局，不知道自己应该干什么；随波逐流而毫无主见。有诸如此类表现的，就是庸人。

那些被称作士人的，内心有坚定的信念，做事有遵循的原则。虽不能精通大道和治人的根本，但向来都有自己坚持的主张；虽不能把各种善行做得十全十美，但必定有自己为人处世的一贯原则。因此，士人的智慧不要求有多高深，只要通彻明了他所知道的；讲话不求能言善辩，只要他所讲务必中肯简要；在行为上不一定要求做很多，只要每做一件事都务必明白其缘由。明白做事的道理，言语扼要得当，做事有根有据，犹如人的性命和形体一样和谐统一，不可更改。所以富贵了，也看不出对他有何增益；贫贱了，也不会对他有什么损失。这就是士人的主要特点。

◇原文

所谓君子者，言必忠信而心不忌，仁义在身而色不伐①，思虑通明而辞不专，笃行信道，自强不息，油然若将可越而终不可及者。此君子也。

所谓贤者，德不逾闲②，行中规绳，言足法于天下而不伤其身，道足化于百姓而不伤于本，富则天下无菀③财，施则天下不病贫。此则贤者也。

所谓圣者，德合天地，变通无方，究万事之终始，协庶品④之自然，敷⑤其大道⑥而遂成⑦情性⑧，明并日月，化行若神，下民不知其德，睹者不识其邻⑨。此圣者也。

◇注释

①伐：自夸。

②逾闲：逾越法度。

③菀（wǎn）：积。

④庶品：犹众物，万物。

⑤敷：传布。

⑥大道：指圣人之道。

⑦遂成：养成；成就。

⑧情性：本性。

⑨邻：界限。

◇译文

能称得上是君子的人，说话一定诚实守信，心中对人不存忌恨怨害。身秉仁义但从不向人夸耀，通情明理，但说话从不专横武断。行为一贯，守道不渝，自强不息。看起来超过他们很容易，然而终究不可企及。这是真正的君子。

能称得上是贤人的人，品德不会逾越法度，行为完全合于规范，其言论足以被天下人奉为道德准则而不遭人毁誉，其思想足以教化百姓而不会伤及自身。他富有了，天下百姓就不需要积聚财物；他乐善好施，天下人就不担忧贫困。这就是贤人。

能称得上是圣人的人，自身的品德修为已与天地的自然法则融为一体，练达人事，变通无穷，洞悉万事运行发展的规律，协和万物，顺应自然，传布其思想道德，从而自然而然地养成民众的和谐本性。圣明的统治可与日月同辉，教化的推行有如神助。百姓不能明白他的品德有多么崇高伟大，即使见到一点，也不能真正了解其德性的边际在哪里。这就是圣人。

◇原文

《钤经》^①曰："德足以怀远，信足以一异，识足以鉴古，才足以冠世，此则人之英也；法足以成教，行足以修义，仁足以得众，明足以照下，此则人之俊也；身足以为仪表，智足以决嫌疑，操足以厉贪鄙，信足以怀殊俗，此则人之豪也；守节而无挠，处义而不回，见嫌不苟免，见利不苟得，此则人之杰也。"

◇注释

①《钤（qián）经》：即《玉钤经》，又称黄石公《素书》。传说黄石公三试张良，而后把此书授予张良，张良凭借此书，助刘邦定江山。

◇译文

《玉钤经》中说："如果一个人的品德足以让远方的人慕名而来，信誉之厚足以把形形色色的人凝聚在一起，见识之深足以照鉴古人的正误，才能之广足以冠绝当代，这样的人就可以称作人中之英；如果一个人的理论规范足以教化世人，言行举止足以引为道义楷模，仁爱之心足以获得众人的拥戴，英明果断足以烛照下属，这样的人就是人中之俊；如果一个人的形象足以做他人的仪表，智慧足以决断疑难，操行足以警策卑鄙贪婪之人，信誉足以团结生活习俗不同的人们，这样的人就是人中豪士；如果一个人能恪守节操而百折不挠，迫于利害之际能恒守大义而无怨无悔，遇到有嫌隙的人和事而不求获免，见到利益而不求获取，这样的人就是人中之杰。"

◇原文

《家语》①曰："昔者，明王必尽知天下良士之名，既知其名，又知其实，然后用天下之爵以尊之，则天下理也。"此之谓矣。

◇注释

①《家语》：即《孔子家语》。

◇译文

《孔子家语》说："从前，贤明的君主必定要对普天下的贤士都了如指掌，既了解他们的名声，又了解他们的实际才能，然后授予他们相应的官爵以使他们得到尊重，这样天下就能治理好了。"道理就是这样的。

◇处世智慧

知人知面要知心

俗话说，"人心隔肚皮"，知人知面未必就能知心，而知心才是最重要的。一个人被陌生人捅了一刀那叫皮肉伤，而要是被最亲密的朋友捅了一刀，就犹如万箭穿心，那是真伤心。

人是形形色色的，有刚直的人，有卑鄙的人，有勇悍的人，有懦弱的人，有豪侠的人，有小心眼的人，有木讷的人，有果断的人，有清逸的人，有庸俗的人，有持重的人，有诚实的人，有狡诈的人……面对形形色色的人，你只有用"心"审视他，详察他，明辨他，而后慎用他，才能在人际交往中始终立于不败之地。

假如，和我们交往的是位品德高尚、助人为乐的人，那么，即使其外表并不英俊潇洒，我们也会与之和谐相处。但假如我们所见到的是一个虚伪而自私的人，尽管此人仪表堂堂，举止文雅，我们也只会觉得他道貌岸然、虚伪狡猾。

唐玄宗时，由李适之和李林甫两位宰相共同辅政，李适之为左相，李林甫为右相。李林甫一直在寻求机会扳倒李适之，以便独揽大权。

当时，唐玄宗沉湎酒色，穷奢极欲，弄得国库日渐空虚。满朝文武都很着急，日夜思谋开源节流之计。最后，皇上也感觉到了财政危机，下诏让两位宰相想办法。形势所迫，二人都很着急。但李林甫最关心的却是如何扳倒政敌，看着李适之为国库着急得像热锅上的蚂蚁，李林甫生出一条毒计来。

退朝之后，李林甫趁机跟李适之闲扯，说着说着，他装作无意中说出华山藏金的消息。他看到李适之的眼睛一亮，知道目的已经达到了，便岔开话题说别的。

李适之性情疏率，一心想着国事，没有看出李林甫的诡计。忙不迭回家，洗手磨墨写起奏章来，陈述了一番开采华山金矿，以应国库急用的主张。

唐玄宗一见奏章大喜，忙召李林甫来商议定夺。李林甫看了奏章，装出欲言又止的样子。

唐玄宗见他吞吞吐吐，就催道："有话快讲！"

李林甫压低了声音装作神秘地说："华山有金，众所周知。只是这华山是皇家龙脉所在，一旦开矿破了风水，国祚难测，后果可想而知！""噢，"玄宗听罢一激灵，"是这样。"继而点头沉思。

那时，风水之说正盛行，认为风水龙脉可泽及子孙，保佑国运。今听得李适之出了这样的馊主意，唐玄宗刚才的高兴劲顿时烟消云散。李林甫见有机可乘，忙说："听人讲，李适之常在背后议论皇上的私人生活，颇有微词，说不定，这个开矿破风水的主意是他有意……""别说了！"唐玄宗心烦意乱，拂袖到后宫去了。李林甫见目的达到，心中暗喜。

自此，唐玄宗见了李适之就觉得不顺眼，总是找机会给他难堪，最后干脆找了个过错，把他革职了。朝廷实权，便落在了李林甫手中。

李林甫是典型的"口蜜腹剑"之人，对这种人一定要多长心眼，提防着点。李适之显然知道自己与李林甫之间的利害冲突，但他就是性情疏率，才会轻信了李林甫的话，结果被革职了还不知道是为什么。

由此可见，人的本质平时一般都隐藏着，看不见又摸不着。只有眼观六路，多一个心眼，善于揣度人心，才能既看到别人的正面，又看到别人的反面，才能真正了解别人的心，吃透别人的本意。

希腊有句古话，"很多表现得像朋友的人其实不是朋友，而很多是朋友的倒并不显得像朋友"，一句话道出了人心叵测的关键。很多人在危难的时候才发现，背叛自己、出卖自己的往往是自己十分信赖的朋友，而曾被怀疑的人却成了自己的救星，真是可笑又可悲。世上有很多人心口不一、表里不同，要看出来真的很难，要学会揣摩人心，用"心眼"去看，才能看得清清楚楚，免受祸害。

量 才

◇题解

世界上不缺乏有才能的人，而是缺乏如何量才而用的机会。君主如果不能识才，或者不能量能授官，就容易导致人才的埋没、才力不能胜其位，抑或大材小用的状况出现。本篇着重阐述了量才而用的主题。同时文中也提到，君王本身的修养也决定了会有什么样的人亲附。

◇原文

夫人才能参差大小不同，犹升不可以盛斛①，满则弃矣。非其人而使之，安得不殆②乎？

故伊尹曰："智通于大道，应变而不穷，辩于万物之情，其言足以调阴阳，正四时，节风雨。如是者，举以为三公③。故三公之事常在于道。不失四时，通于地利，能通不通，能利不利。如是者，举以为九卿④。故九卿之事常在于德。通于人事，行犹举绳⑤，通于关梁⑥，实于府库。如是者，举以为大夫。故大夫之事常在于仁。忠正强谏而无有奸诈，去私立公而言有法度。如是者，举以为列士。故列士之事常在于义也。故道德仁义定而天下正。"

◇注释

①斛（hú）：中国旧量器名，亦是容量单位，一斛本为十斗，

后来改为五斗。

②殆：危。

③三公：中国古代朝廷中最尊显的三个官职的合称。周代已有此词，西汉今文经学家据《尚书大传》《礼记》等书以为三公指司马、司徒、司空。古文经学家则据《周礼》以为太师、太傅、太保为三公。

④九卿：古代中央政府九大职能部门长官的总称。

⑤绳：准绳，规范。

⑥关梁：关口和桥梁，泛指水陆交通必经之处。这些地方往往设防戍守或设卡征税。

◇译文

人的才能参差不齐、大小不一，就像用容器盛物，一升的量难以装下一斛的东西，满则外溢，溢出来只能浪费丢弃。用了不该用的人，怎么能没有危险呢？

所以伊尹说："如果智慧能洞明天地玄机，顺应事物的变化而随时调整，明辨万物发展的情况，言论足以用来调和阴阳，端正四季，掌握风调雨顺的规律。这样的人，要推举他做三公。因此，三公所做的事常常符合天地之道。不违背四季节令，通晓自然地理，疏通堵塞的环节，化解不顺利的局面。这样的人，推举他做九卿。因此，九卿所做的事常常符合品德修为。通达世事人情，举动合乎规范，使关隘畅通而保障税收，充实国家的府库。这样的人，推举他做大夫。因此，大夫所做的事常常符合仁爱。忠心正直、犯颜直谏而没有奸诈之心；大公无私，讲话符合国家法规。这样的人，要推举他做列士。因此，列士所做的事常常符合道义。这样，道、德、仁、义确立之后，天下就得到治理而走上正轨了。"

◇原文

太公曰："多言多语，恶口恶舌，终日言恶，寝卧不绝，为众所憎，为人所疾①，此可使要遮闾巷②，察奸伺③祸。权数好事，夜卧早起，虽剧④不悔，此妻子之将也。先语察事，劝而与食，实长希言，财物平均，此十人之将也。切切⑤截截⑥，垂意⑦肃肃，不用谏言，数行刑戮⑧，刑必见血，不避亲戚，此百人之将也。讼辩好胜，嫉贼侵凌，斥人以刑，欲整一众，此千人之将也。外貌作作⑨，言语时出，知人饥饱，习人剧易⑩，此万人之将也。战战栗栗，日慎一日，近贤进谋，使人知节，言语不慢，忠心诚毕，此十万人之将也。温良实长，用心无两，见贤进之，行法不枉，此百万人之将也。勋勋纷纷，邻国皆闻，出入豪居，百姓所亲，诚信缓大，明于领世，能效成事，又能救败，上知天文，下知地理，四海之内，皆如妻子，此英雄之率，乃天下之主也。"

◇注释

①疾：与前文"憎"同义，恨。

②闾巷：古时二十五家为一闾，后来称居民的区域为闾里、闾巷。泛指乡里民间。

③伺：观察，侦察。

④剧：繁忙，意为操劳。

⑤切切：忧思貌。

⑥截截：巧辩貌。

⑦垂意：关怀、关心。

⑧刑戮：指各种刑罚。

⑨怍（zuò）怍：惭愧貌，这里指做出谦卑的样子。

⑩剧易：艰难。

◇译文

姜太公说："平日唠唠叨叨，嘴巴不干不净，整天恶语伤人，贪睡不起，为众人所憎恶，这种人可以让他管理街区，检察坏人，谨防灾祸。喜弄权术，爱管杂事，晚睡早起，任劳任怨，这种人可以管理自己的妻子儿女。有一定先见之明，也注意搜集情报，平时做事勤勉，与下属同甘苦，忠实寡言，财物分配平均，这种人可以做十个人的小头目。整天忧心忡忡，能言善辩，对上殷勤备至，恭谨严肃，对下不听劝谏，动辄施以刑罚，刑必见血，六亲不认，这种人可做一百人的首领。说话辩论时争强好胜，仇视敌人，好欺凌别人，用明确的刑罚来整治众民，这种人可以做一千人的统帅。外貌谦卑，说话合宜，知人饥饱，知人劳逸，这种人可以做一万人的将领。行事谨小慎微，日慎一日，亲近贤能之人并听取他们的计策，使用人有分寸，说话不傲慢，忠心耿耿，这种人能做十万人的将领。温柔敦厚而有长者之风，用心专一，遇到贤能的人就举荐，不徇私枉法，这种人可以统帅百万之众了。功勋卓著，名震四海，出则仪仗盛大，入则奢华豪宅，但百姓也愿意亲近他，因为他生性诚信宽怀，明晓治理天下的道理，既能效法前人的成功做法，也能补救危亡反败为胜，上知天文，下知地理，厚爱天下百姓如同自己的妻子儿女一般，这种人是英雄的首领，天下的主人。

◇原文

《经》曰："智如源泉，行可以为表仪者，人师也；智可以砥砺，行可以为辅弼者，人友也；据法守职而不敢为非者，人吏也；当前快意，一呼再诺者，人隶也。故上主以师为佐，中主以友为佐，下主以吏为佐，危亡之主以隶为佐。欲观其亡，必由其下。故同明者相见，同听者相闻，同志者相从，非贤者莫能用贤。故辅佐左右所欲任使者，存亡之机，得失之要。"

孙武[1]曰："主孰有道？将孰有能？吾以此知胜之谓矣。"

◇注释

①孙武：即孙子，春秋末期著名军事家，有《孙子兵法》传世。

◇译文

《玉钤经》说："智慧有如泉涌，行为堪为表率，这样的人可做导师；智慧可以与人切磋砥砺，行为可以辅助和警策他人，这样的人可为良友；奉公守法，不敢胡作非为，这样的人可为官吏；能鞍前马后满足眼前顺意，只要叫他一声，他就会连连答应，这种人只能做奴仆。所以英明的君主要用堪为导师之人来辅佐自己，中等的君主要让良友来辅佐自己，下等的君主要用官吏来辅佐自己，亡国的君主却重用奴才来辅佐自己。要想知道一个王朝是否会灭亡，只要看君主任用的是些什么人就够了。所以只有眼力一样的人才能看到同样的事物，听力一样的人才能听到同样的声音，志向一致的人才能结为团体，不是贤明的君主就不会重用贤人。所以君主身边的左右辅佐以及他所重用的人，实在是政局存亡的关键，得失的根本。"

孙武说："哪一国的君主有道义？哪一方的将帅有才能？我凭这一点就知道胜利属于谁了。"

◇用人智慧

汉武帝破格用人

汉武帝即位时还很年轻，当时的朝政大权控制在窦太后手中，汉武帝想办法笼络人才。他曾经颁布命令，让各地举荐人才，于是，公孙弘、庄助以及许多有名的儒生都进京候选，其中就有董仲舒。

董仲舒是当时的奇才，汉景帝时已为博士，为学子们讲书，出口成章，滔滔不绝，远近学子都奉他为老师。他的一篇详论天人感应道理的文章被汉武帝看到，击节称赏，叹为奇文。后来，汉武帝询问儒生们治国良策，董仲舒施展平生所学，压倒群儒，独得汉武帝重用。

就这样，汉武帝不断发现和破格使用人才，先后起用了一批人才。其中，被司马迁誉为"为人多大略，智足以当世取合"的韩安国，汉武帝委任他为北地都尉，后又任为大司农，窦太后死后，又升为副丞相。汉朝有著名的汉赋，提到汉赋就不能不提司马相如，但司马相如也不是只能写汉赋。汉武帝用其所长，从四川把他请到京城做官，从事审核和润色政府重要文告的工作。后又让他以天子使节的名义出使西南夷，抚慰那里的少数民族。唐蒙、庄助很有谋略，且外交能力过人，汉武帝就让他们出使夜郎和东瓯，他们两人不负王命，最终降服了夜郎和东瓯。

窦太后病死，汉武帝摆脱了束缚，终于可以完全按照自己的想法来治理国家。他立刻罢免了窦太后安插在朝廷里的党羽亲信，重新任命曾经协助他革新的舅父田蚡为丞相，把韩安国提拔为御史大夫。后来汉武帝又连续几次要求各地推举人才。他下诏书表示，要将这些有"非常之功"的"非常之人"破格任为"将相"或出使他国。

当时有个吴人叫朱买臣，好读书，没有多余的家财，40多岁还是一个落魄儒生，连妻儿都养不起，只得入山砍柴换钱度日。后来妻子不堪忍受贫穷，弃他而去。朱买臣仍操旧业，边读书，边卖柴。直到将近50岁时，他才有机会入京。到长安后，朱买臣就上书自荐，又经同乡庄助引见，武帝予以召见，面询学术。朱买臣的才学很合汉武帝的心意，遂拜他为中大夫，与庄助同侍禁中。朱买臣就这样由一介平民一跃成为官员。

后来，朱买臣又献策说："东越王余善，向居泉山，负隅自固，一夫守险，千人俱不能上。今闻他南迁大津，去泉山约五百里，无险可恃，今若发兵浮海，直指泉山，陈舟列兵，席卷南趋，破东越不难。"武帝听后很高兴，便令他为会稽太守，还对他说："富贵不归故乡，如衣锦夜行，今你可衣锦荣归了。"朱买臣果然击破东越，武帝就升他为主爵都尉，列为九卿之首。

　　《汉书》中说："汉之得人，于兹为盛。"确实，刘彻为帝时，任用了韩安国、主父偃、朱买臣、卫青、霍去病、霍光、李广、程不识、桑弘羊、公孙弘、董仲舒、郑当时、张骞、苏武、司马迁、司马相如等，这些人都成为一代辅相、名臣、将领。

　　明了天下政治形势，察知天命所归，善于收罗人才，并且能知人善任，才能够做到"协四海，包诸侯"，为天下帝王师。识人用人是成就事业的关键。作为一个领导者，汉武帝有发现人才，识别人才的眼光和能力。只有这样，才会有更多的人忠实地效力于朝廷，更多的人维护他，为他卖命。由此，汉武帝也成了中国古代皇帝中出类拔萃的一个。这些与他善于统御人才有莫大关系，正是"善用人者可争天下，而天下莫能与之争"的道理。

知 人

◇题解

古语云："知人者智。"意思是能了解、认识别人叫做智慧。历代的古代圣贤也发挥了聪明才智，总结了很多知人之术。在本篇中，作者通过观诚、察色、考志、测隐、揆德等多个方面，罗列了最为实用的知人之法。这些方法不仅对于知人有帮助，对于用人也提供了依据，对现实工作具有重要的指导意义。

◇原文

臣闻主将之法，务览英雄之心。然人未易知，知人未易。汉光武听聪之主也，谬于庞萌；曹孟德知人之哲也，弊①于张邈。何则？夫物类者，世之所惑乱也。故曰："狙②者类智而非智也，愚者类君子而非君子也，戆③者类勇而非勇也。亡国之主似智，亡国之臣似忠，幽④荠⑤之幼似禾，骊牛⑥之黄似虎，白骨疑象，碔砆⑦类玉。此皆似是而非也。"

◇注释

①弊：欺蒙。

②狙：狡诈。

③戆（zhuàng）：鲁莽。

④幽：隐藏。

⑤莠：狗尾草，穗有毛，很像谷子。

⑥骊（lí）牛：黑色的牛。

⑦碔砆（wǔ fū）：美如玉的石头。

◇译文

臣下我听说领导将帅的原则是，一定要了解手下英雄的内心世界。然而，人不容易被了解，想了解别人也不容易。汉光武帝刘秀是很善于听取别人意见的皇帝，但却错误地信任了庞萌；曹操是知人善任的贤能之人，还是让张邈蒙蔽了。这是为什么呢？因为有此事物表面相似但实质不同，谁都免不了受迷乱诱惑。所以说："狡诈之人看似聪明其实并不聪明；愚蠢之人看似正人君子其实不是君子；鲁莽之人看似勇敢其实并不勇敢。历史上的亡国之君貌似颇有智慧，亡国之臣往往表现得忠心耿耿，就像隐藏混杂在禾苗里的莠草的幼苗很像禾苗，黑牛长上黄色的花纹很像老虎，白骨像是象牙，色泽如玉的石头很容易与玉石混淆。这些都是似是而非、以假乱真的情况。"

◇原文

孔子曰："凡人心险于山川，难知之于天。天犹有春秋冬夏旦暮之期，人者厚貌深情，故有貌愿而益①，有长②若不肖，有顺懁（huān）而达，有坚而缦③，有缓而钎④。"

◇注释

①愿而益：愿，忠厚貌。

②长：抱有所长。

③缦：同"慢"，缓慢，舒漫。

④钎（yú）：急。

◇译文

孔子说："人心比山川还要险恶，了解人心比预测天气还难。天还有春秋冬夏和早晚的既定周期，可人却各不相同。一个个从外貌上看淳朴忠厚，但其真实情感却深藏不露。所以，有的外貌忠厚温顺，内心却追求益利；有的抱有所长，而外表看不出来；有的轻慢温顺，反而明理通达；有的看似坚强果断，实则疲沓散漫；有的看似宽缓，可内心却急躁。"

◇原文

太公曰："士有严而不肖者，有温良而为盗者，有外貌恭敬中心①欺慢者，有精精②而无情者，有威威而无成者，有如敢断而不能断者，有恍恍惚惚而反有忠实者，有倭倭佗佗③而有效者，有貌勇很④而内怯者，有梦梦而反易人⑤者。无使不至，无使不遂⑥，天下所贱，圣人所贵。凡人莫知，非有大明不见其际。此士之外貌而不与中情⑦相应者也。"

知此士者而有术焉。微察问之，以观其辞；穷之以辞，以观其变；与之间谋⑧，以观其诚；明白显问，以观其德；远使以财，以观其廉；试之以色，以观其贞；告之以难，以观其勇；醉之以酒，以观其态。

◇注释

①中心：内心。

②精精：精而又精，意为精明能干。

③倭倭俺俺：指做事拖拖拉拉。"倭俺"，同"逶迤"。

④佷：同"狠"，凶狠，残忍。

⑤易人：轻视人。

⑥遂：达成，完成。

⑦中情：内情，内心。

⑧谋：一说作"谍"。

◇译文

姜太公说："士人有看似庄重而实际上不正派的；有看似温柔敦厚而实际上却盗贼不法的；有外表恭敬而心里骄慢的；有精明能干，却心狠的；有威风凛凛，实际一事无成的；有看上去果敢明断而实际上犹豫不决的；有貌似稀里糊涂、懵懵懂懂，反倒忠诚老实的；有看上去拖拖拉拉而办事却有实效的；有貌似狠辣而内心怯懦的；有自己迷迷糊糊却反而轻视别人的。有的人无所不能，无所不通，天下人却看不起他，只有圣人非常看重他。一般人不能真正了解他，没有见识的人，不会看清其真面目。凡此种种，都是士人的外貌和内心不统一的复杂现象。"

想真正了解这些外貌和内心不一致的士人，还是有方法的。暗中详察然后提问，看他如何回答；连连追问，直到他无言以对，看他如何应变；让他参与秘密活动，看他是否诚实；公开广泛询问群众，看他德行如何；让他到偏远之处管理财货，看他是否清廉；用美色试探他，看他是否守住贞操；把危难之事告诉他，看他是否勇敢；让他喝醉酒，看他是否失态。

◇原文

《庄子》曰："远使之而观其忠；近使之而观其敬；烦使之而观其能；卒然^①问焉而观其智；急与之期而观其信；杂之以处而观其色。"

◇注释

①卒然：突然。卒，同"猝"。

◇译文

《庄子》说："派人出使远方，来看一个人是否忠诚；让他就近供职，来看他是否恭敬尽职；让他一直做繁杂的工作，看他才能如何；突然向他提问，看他是否机智；同他仓促约定，看他是否能守信用；让他与三教九流的人杂然而处，来观察他的神色变化。"

◇原文

《吕氏春秋》^①曰："通，则观其所礼；贵，则观其所进；富，则观其所养；听，则观其所行；近，则观其所好；习，则观其所言；穷，则观其所不受；贱，则观其所不为。喜之，以验其守；乐之，以验其僻；怒之，以验其节；哀之，以验其仁；苦之，以验其志。"

◇**注释**

　　①《吕氏春秋》：又称《吕览》，是在秦相吕不韦的主持下，集合门客们编撰的一部杂家名著。成书于秦始皇统一中国前夕。

◇**译文**

　　《吕氏春秋》说："仕途顺利时要看他所尊敬的人是谁；显贵时看他所举荐的是什么人；富裕时看他所抚养的是什么人；听他所言之后看他做不做，如何做；能够接近时观察其喜好；熟悉之后要体味其言语的真义；走投无路时看他是否不受非分之财；贫贱时看他是否不做非义的事情。投其所好，以检验他的操守；使之快乐，以检验他有什么癖好；令之愤怒，以检验他的自制力；使之悲伤，以检验他的仁爱之心；置之于困苦的境地，以检验他的意志。"

◇**原文**

　　《经》①曰："任宠之人，观其不骄奢；疏废之人，观其不背越；荣显之人，观其不矜夸；隐约②之人，观其不慑惧。少者，观其恭敬好学而能悌；壮者，观其廉絜务行而胜其私；老者，观其思慎、强其所不足而不逾。父子之间，观其慈孝；兄弟之间，观其和友；乡党之间，观其信义；君臣之间，观其忠惠。"此之谓观诚。

◇**注释**

　　①《经》：这段文字出自《逸周书·官人》。
　　②隐约：穷困不得志，与前文"荣显"相对。

◇译文

经书上说："对受重用、被宠信的人，要看他会不会骄奢淫逸；被疏远、闲置的人，要看他有什么背叛或越轨行为；荣贵显达的人，要看他是否因此而骄傲自夸；困厄不得志的人，要看他是否能做到不畏权贵。对青少年，要看他能否恭敬好学又能与兄弟和睦相处；对壮年人，要看他能否廉洁务实而无私奉献；对老年人，要看他是否思虑谨慎，仍加强自身所不足的地方却不逾法逞强。父子之间，要看他们是否慈爱孝顺；兄弟之间，要看他们是否和睦友善；乡邻之间，要看他们是否诚信守义；君臣之间，要看他们是否仁爱忠诚。"这些用以识别人的方法叫"观诚"。

◇原文

又有察色。察色谓心气内蓄，皆可以色取之。夫诚智必有难尽之色；诚仁必有可尊之色；诚勇必有难慑之色；诚忠必有可观之色；诚絜必有难污之色；诚贞必有可信之色。质色浩然固以安，伪色曼然乱以烦。此之谓察色。

◇译文

还有"察色"的方法。所谓察色，是说人的心气虽然隐藏在内心深处，但可以通过人的脸色去把握它。真正聪慧的人必定会表现出难以言说、无法穷尽的神色；真正仁厚的人必定具有令人尊敬的神色；真正勇敢的人必定具有凛然无惧的神色；真正忠诚的人必定具有一种襟怀坦荡的神色；真正高洁的人必定具有难以玷污的神色；真正有节操的人必定具有值得信任的神色。质朴的神色往往浩气凛然，令人觉得坚强而稳重；而伪饰的神色往往游移不定，让人烦躁不安。这就叫作"察色"。

◇原文

又有考志。考志者，谓方与之言，以察其志。其气宽以柔，其色检①而不诎，其礼先人，其言后人，每自见其所不足者，是益人也。若好临人以色，高人以气，胜人以言，防其所不足，而废其所不能者，是损人也。其貌直而不侮，其言正而不私，不饰其美，不隐其恶，不防其过者，是质人也。若其貌曲媚，其言谀巧，饰其见物，务其小证，以故自说者，是无质人也。喜怒以物而色不作，烦乱以事而志不惑，深导以利而心不移，临慑以威而气不卑者，是平心固守人也。若喜怒以物而心变易，乱之以事而志不治，示之以利而心迁动，慑之以威而气恇②惧者，是鄙心而假气人也。设之以物而数决，惊之以卒而屡应，不文而慧者，是有智思之人。若难设以物，难说以言，守一而不知变，固执而不知改，是愚很人也。若屏言而勿顾，自私而不护，非是而强之，是诬嫉人也。此之谓考志。

◇注释

①检：收敛，约束。

②恇（kuāng）惧：害怕不安的样子。

◇译文

还有"考志"的方法。所谓考志，就是通过与对方当面交谈来观察他的心志。如果一个人语气宽缓柔和，神色恭敬而不谄媚，先于人施礼，后于人发言，常常主动表露自己的不足之处，这样的人是对人有裨益的。如果神色盛气凌人，话语上总想占上风，想方设法掩盖自己的不足，掩饰其无能，这种人只会损害别人。如果一个人神情坦率而不轻慢，言谈正直而不偏私，不粉饰自己的美德，不隐藏自己的过错，不遮掩自己的过失，这是质朴的人。如果一个人的神情总是讨好别人的样子，言谈竭尽阿谀奉承，好做表面文章，尽量表现自己，还自鸣得意，这是虚伪的人。假如一个人的喜怒不因外物的变化而表现出来，不因烦乱琐事缠身而心志迷惑，不为厚利的诱惑而心动，不因权势的威胁而卑躬屈膝，这是内心平静、坚贞不屈的人。如果因外在事物的变化而喜怒无常，因事情繁杂而心烦意乱，见了蝇头小利就怦然心动，一受威胁就害怕屈服，这是心性鄙陋、志气不坚的人。如果一个人在任何环境中都能果断地处理好每件事情，面对突发情况能频频沉着应变，出言不具文采但颇有智慧，这是富有才思的人。假如一个人不能适应各种变化的情况，又不听人劝说，墨守成规而不懂得变通，固执己见而不懂得改正，这是愚钝固执的人。如果一个人丝毫不听他人的意见，自私自利而毫不掩饰，颠倒黑白，强词夺理，这是诬陷而忌妒他人的人。以上说的就是"考志"知人的方法。

◇原文

又有测隐。测隐者，若小施而好得，小让而大争，言愿以为质，伪爱以为忠，尊其行以收其名，此隐于仁贤。若问则不对，详而不穷，貌示有余，假道自从①，困之以物，穷则托②深，此隐于艺文也。若高言以为廉，矫厉以为勇，内恐外夸，亟③而称说④，以诈气临人，此隐于廉勇也。若自事君亲而好以告人，饰其见物而不诚于内，发名以君亲，因名以私身，此隐于忠孝也。此谓测隐矣。

◇注释

①从：通"纵"。

②托：托言，借口。

③亟：屡次。

④称说：陈述，此处指自夸。

◇译文

还有"测隐"的方法。所谓测隐，就是看一个人，如果发现他施小惠而得大利，让出局部小利而争夺大益，言语信誓旦旦来装老实，假装慈爱以充忠厚，行高尚之举来钓取名声，这就是用仁爱贤能来掩饰自己真面目的人。如果向他提问而不回答，详细追问就含糊其词，外表似乎很有学识，实则借着解说道义的幌子来放纵自己，一旦为物所困无计可施就故作深沉，这是借学识论调来掩饰自己真面目的人。如果他大唱高调以示廉洁，装作雷厉风行给人以勇于作为的假象，内心恐惧却在虚张声势，屡屡自我夸耀，吹牛骗人却盛气凌人，这是用廉正和英勇来掩饰自己真面目的人。若侍奉君主或双亲，喜欢向人炫耀其忠诚、孝顺，好做表面文章，其实并没有忠孝的诚心，借侍奉君主和双亲来企求名声，进而以此来捞取私利，这是用忠孝来掩饰自己真面目的人。以上讲的就是"测隐"的方法。

◇原文

又有揆德①。揆德者，其有言忠行夷，秉志无私，施不求反，情忠而察，貌拙而安者，曰仁心者也。有事变而能治，效穷而能达，措身②立功而能遂，曰有知者也。有富贵恭俭而能施，威严有礼而不骄，曰有德者也。有隐约而不慑，安乐而不奢，勋劳而不变，喜怒而有度③，曰有守者也。有恭敬以事君，恩爱以事亲，情乖而不叛，力竭而无违，曰忠孝者也。此之谓揆德。

◇注释

①揆（kuí）德：测度德行。揆，度量、揣度。

②措身：置身。

③度：节制。

◇译文

还有"揆德"的方法。所谓揆德（包括以下几种途径），如果一个人言语忠实而行为坦荡，意志坚定而大公无私，助人而不求回报，内心忠厚而明察事理，其貌不扬但性情安详，这是宅心仁厚的人。如果一个人遇有突发性变故而能妥善处理，身处穷困之境而能奋发向上，投身功名而能如愿以偿，这是有智慧的人。如果一个人富贵显赫之后仍然恭敬勤俭而乐善好施，对人彬彬有礼而不骄横，这是有福德的人。有的人处于困厄之中而无所畏惧，处于安乐富裕之中而不奢侈，功劳卓著而不反叛，喜怒之情皆有节度，这是有操守的人。有的人恭恭敬敬地侍奉君王，恩敬有爱地孝敬父母，即使君王性情乖戾也不背叛，对双亲竭尽全力而不离弃，这是忠孝的人。这就是"揆德"。

◇原文

夫圣贤之所美，莫美乎聪明。聪明之所贵，莫贵乎知人。知人识智，则众材得其序而庶绩①之业兴矣。是故仲尼训"六蔽"以戒偏材之失。思狂狷（juàn）以通拘抗之材，疾②悾悾而无信，以明为似之难保。察其所安，观其所由，以知居止之行。率此道也，人焉廋③哉！人焉廋哉！

◇注释

①庶绩：各种事业。

②疾：恨，痛恨。

③廋（sōu）：隐藏，藏匿。

◇译文

圣贤所赞赏的，莫过于聪明。聪明之人所看重的，莫过于知人之能。能够知人识才，各种人才就会得到各自适合的位置，而各种事业就会繁荣兴旺。因此，孔子教育学生时提出"六蔽"的训示，目的就是为了防止偏才的失误。指出狂傲与狷介的偏失，以疏导有偏执拘谨或高傲刚直之缺陷的人才；痛斥空泛而无信的流弊，讲明那些似是而非的人是难以信赖的。明察一个人安身立命之所在，考究他所作所为的动机，借以了解其日常行为。如果我们遵循这样的原则办法行事，人的真面目又怎么能掩饰伪装得住呢？

◇用人智慧

刘邦"得猛士兮守四方"

欲成大事者，善于知人用人是重点中的重点，关键中的关键。重人才者才得天下，失人才者定失天下。这就是历史的经验。

汉高祖刘邦虽然出身底层，学识并不渊博，但他同样也明白这个道理，所以对有真才实学的人向来尊重有加、以礼相待，并委以重任，从而赢得天下。

看刘邦此人，虽然文不如萧何，武不如韩信，谋不如张良，但是，他却能将如此多的良才笼络到自己帐下，让他们死心塌地地为自己打天下，这就是他的高明之处。刘邦的驭人策略概括起来主要是：知人善任、不计前嫌、坦诚相待、用人不疑、论功行赏、暗中控制，是典型而又经典的帝王之术。我们从刘邦对"汉初三杰"的态度上，就可窥见一斑。

汉朝初建时，有一次，刘邦大宴群臣，酒过三巡，刘邦笑问："我何故可得天下？项羽何故失天下？"当时就有两人同起，朗声答道："陛下平日对待部下，未免轻侮傲慢，不及项羽的宽厚仁慈。但陛下攻城略地，每得一城，便作为封赏，可见您能与天下人共谋利益，所以人人为陛下效命，才得天下。项羽嫉贤妒能，生性多疑好猜，战胜不赏功，得地又不分利，人心涣散，所以错失天下。"高祖听了，笑着说："你们只知其一，不知其二。据我想来，得失原因，须从用人上说。运筹帷幄，决胜千里，我不如子房；镇国家，抚百姓，运饷至军，源源不绝，我不如萧何；统百万兵士，战必胜，攻必取，我不如韩信。这三人都是当今豪杰，我能委心任用，故得天下。项羽只有一范增，尚不能用，怪不得为我所灭了！"群臣闻言，各下座拜伏，称为至言。就是这"三不如"的说法，体现了刘邦的知人用人之明，这正是他打败项羽的关键所在。

不仅如此，刘邦用人也没有什么门户之见，只要有才，你就可以来。比如张良是贵族，陈平是游士，萧何是县吏，这些人都可以纳于旗下。樊哙是屠狗的，灌婴是贩布的，娄敬是赶车的，只要能为称霸一方出力，尽皆吸纳。彭越是强盗，周勃是吹鼓手，韩信是无业游民，刘邦也一概收拢。他对人才选拔实在是开大气之先河，没有畏首畏尾，有的只是包容与痛快。刘邦的流氓气息自不用说，但是他能听得进谏言。他跟陆贾说："老子是马上得天下，看什么《诗》《书》？"陆贾一反问："居马上得之，宁可以马上治之乎？"刘邦马上面有惭色，于是接受了陆贾的意见。

刘邦还封给侮辱过自己的雍齿官做，更难能可贵的是他对人十分真诚，对于自己不知道的事情，从来不会不懂装懂。精明的刘邦，以真诚之名收买人心，使人为之卖命，却也时刻提防，暗中控制。他在平定英布叛乱时，常派人回朝问候萧何，实际上是在监视他。幸好，萧何聪明，故意把自己搞得一塌糊涂，才得以活命。

观刘邦一生，豪迈的大气象，精湛的知人驭人之术，为汉朝后代皇帝树立了杰出的榜样。正是："大风起兮云飞扬，威加海内兮归故乡，安得猛士兮守四方？"汉朝气象自此而始！

德 表

◇题解

《尚书》有云："正德厚生，臻于至善。"意思是说匡正道德，使人民生活丰厚，最终达到善良的最高境界。对于一个君主而言，要做到内修仁德，增进学识，其德行当为臣民的表率。本篇列举十二种不同人才、人才的美德所具备的六个特征、君王能守天下的秘诀等内容，旨在说明要做心怀全局、见微知著和知人识体的国君，切不可做逞才使气、不辨曲直的寡德之君。

◇原文

孔子曰："性相近也，习相远也。"言嗜欲之本同，而迁染之途异也。夫刻意则行不肆，牵物则其志流。是以圣人导人理性，裁抑流宕，慎其所与，节其所偏。故《传》曰："审好恶，理情性，而王道毕矣。"治性之道，必审己之所有余，而强其所不足。盖聪明疏通者，戒于太察；寡闻少见者，戒于壅（yōng）蔽；勇猛刚强者，戒于太暴；仁爱温良者，戒于无断；湛静安舒者，戒于后时；广心浩大者，戒于遗忘。

◇译文

孔子说："先天的纯真本性是接近的，而后天养成的习性却差异很大。"意思是人的爱好、欲望从本性上是相同的，只因为所处环境的不同，而使得每个人（的性格、志向）千差万别。勤奋刻苦、锐意进取的人，就志向高远、奋发有为；沉溺追求外物、容易被周围环境影响的人，就意志软弱，性情浮躁。所以圣人在教导改造人的性情时，非常注意抑制人的放浪任性的行为，对给予他些什么东西很谨慎，对他的偏激嗜好尽力节制。所以《左传》中说："审察人的好恶，陶冶人的性情，王者之道全在于此了。"改造人性的办法，关键是要看清自己的长处所在，克服自己的不足。总的原则是：性格聪明爽朗的人，要警惕他把什么事情都看得太明白；孤陋寡闻的人，要警惕他把无知当高明；勇猛刚强的人，要警惕他遇事急躁粗暴；善良温和的人，要警惕他对人对事优柔寡断；恬静从容的人，要警惕他错过最好的时机；心胸广的人，要警惕他对任何事情都马虎健忘。

◇原文

《人物志》曰："厉直刚毅，材在矫正，失在激讦[1]；柔顺安恕，美在宽容，失在少决；雄悍杰健，任在胆烈，失在少忌；精良畏慎，善在恭谨，失在多疑；强楷坚劲，用在桢干，失在专固；论辩理绎，能在释结，失在流宕[2]；普博周洽，崇在覆裕，失在混浊；清介廉洁，节在俭固，失在拘局；休动磊硌[3]，业在攀跻，失在疏越；沉静瘰密[4]，精在玄微，失在迟懦；朴露径尽，质在中诚，失在不微；多智韬情，权在谲略，失在依违。"

此拘亢之材，非中庸之德也。

◇注释

①激讦（jié）：激烈率直地揭发别人的隐私、斥责别人的过失。

②流宕：放诞而没有约束。

③磊硌（gè）：大貌。

④瘗（yì）密：缜密。

◇译文

《人物志》中说："严厉正直、品行刚毅的人才能适合做纠正失误、整顿事务的工作，可是又容易犯偏激过火，揭发别人的隐私、斥责别人过失的错误；性情温柔随和、安静宽恕的人，优点是宽容大度，缺点是在很多事情上下不了决心；英雄剽悍、精力健旺的人，优点在于肝胆照人、性情刚烈，缺点在于很少顾忌别人或事情的后果；精明能干、缜密畏怯的人，很善于恭谨从事、完成所负的使命，但缺点是疑神疑鬼，患得患失；坚强有力、颇有干劲的人，他的长处在于能发挥骨干作用，缺点是过于顽固，盲目自大；善于论证辩驳、推理分析的人，他的才能在于解惑说理、解决矛盾，不足之处在于容易流于夸夸其谈，不着边际；广施博爱、乐于施舍的人，推崇造福百姓，救苦救难，缺点是难辨是非，良莠不分；清高耿介、廉洁奉公的人，具有艰苦节约、贫贱不移的优点，但是容易陷入拘泥小节、死板教条的局限；注重行动、才能非凡的人，志在攀登高峰，超越其他人，不足之处是好高骛远，根基不稳；沉静老练、心思缜密的人，对于细微奥秘的事情很精通，缺点在于做事迟缓怯懦；质朴坦诚、一览无余的人，具有忠诚老实的品质，缺点是缺少城府，容易泄密；足智多谋、胸怀韬略的人，做事老谋深算，诡计多端，缺点是老奸巨猾，模棱两可。

上面列举的这些人虽然都是有用之才，但是都有缺陷的，都不是标准适度、德才兼备的人才。

◇原文

《文子》①曰："凡人之道，心欲小，志欲大，智欲圆，行欲方，能欲多，事欲少。"所谓心小者，虑患未生，戒祸慎微，不敢纵其欲也；志大者，兼包万国，一齐殊俗，是非辐凑②，中为之毂也；智圆者，终始无端，方流四远，深泉而不竭也；行方者，直立而不挠，素白而不污，穷不易操，远不肆志也；能多者，文武备具，动静中仪也；事少者，执约以治广，处静以待躁也。

夫天道极即反、盈则损。故聪明广智，守以愚；多闻博辩，守以俭；武力毅勇，守以畏；富贵广大，守以狭；德施天下，守以让。此五者，先王所以守天下也。

◇注释

①《文子》：先秦时期文子著，是一部道家著作。

②辐凑：车辐会聚于毂，形容人物的聚集和稠密。

◇译文

《文子》中说："做人的处世之道，要具有心欲小，志欲大，智欲圆，行欲方，能欲多，事欲少'的特点。"所谓"心小"，就是要考虑到尚未发生的祸患，在灾祸还没有发生时，就能想到预防和应对的措施；灾祸初露征兆时，就能及时地有所戒备。最根本的应对之策是不放纵内心的欲望。所谓志大，就是立志要远大，以实现天下大同为己任，在复杂变幻的是非风云面前，坚持不偏不倚、公正无私的总则。所谓智圆，就是智慧要圆融无间，找不到起点和终点，但是能够包容四方而没有达不到的地方，又像地下的深泉永远不会干涸枯竭。所谓行方，就是行为要正直端方，不屈不挠，纯洁清白，不被污浊所染，即使贫穷也决不改变情操，即使发达了也不被冲昏头脑。所谓能多，就是文武兼备，所作所为都能合乎道德礼仪。所谓事少，就是善于把握事物的关键，做到以简约统领全局，以静制动，不浮躁。

天道运行的规则永远是物极必反，盈满则损。所以做人要想保持大聪明、大智慧，就必须使自己处于虚灵愚蒙的状态；要想保持多闻广见、博学明辨，就必须让自己觉得永远才疏学浅；要想保持武勇刚毅，就必须使自己处在对人和事有所敬畏的状态；要想保持富贵显赫、广有天下，就必须让自己享有的物质有所节制，局限在最小限度内；要想兼济天下，恩泽苍生，就必须保持谦逊礼让的美德。这五条原则，就是古代贤明君王所以能守卫天下的秘诀。

◇原文

《传》曰："无始乱，无怙富[①]，无恃宠，无违同，无傲礼，无骄能，无复怒，无谋非德，无犯非义。此九言，古人所以立身也。"

《玉钤经》曰："夫以明示者暗，有过不自知者蔽，迷而不反者流，以言取怨者祸，令与心乖[②]者废，后令缪前者毁，怒而无威者犯，好众辱人者殃，戮辱所任者危，慢其所敬者凶，貌合心离者孤，亲佞远忠者亡，信谗弃贤者昏，私人以官者浮，女谒公行者乱，群下外恩者沦，凌下取胜者侵，名不胜实者耗，自厚薄人者弃，薄施厚望者不报，贵而忘贱者不久，用人不得其正者殆，为人择官者乱，失其所强者弱，决于不仁者险，阴谋外泄者败，厚敛薄施者凋。"

◇注释

①怙（hù）富：依仗财势。

②乖：差异，不同。

◇译文

《左传》中说："不首先制造混乱，不因富贵荣耀侮辱人，不依仗权势胡作非为，不违背已经达成的协议，不傲慢无礼，不自我逞能，不报复恼恨自己的人，不道德的事情不去谋取，不仁义的事情不去触及。"这九句话，就是古人赖以立身的总则。

《玉钤经》中说："如果一个人总把自己的本事显露出来，这个人很浅薄；有了过错自己却不知道，他智商不高；执迷不悟却又不思悔改的，注定要被社会淘汰；出言不逊、招人怨恨的，大祸将要临头；政令与心愿不一样，则必然导致政令偏废；号令前后不一，无法执行，必然招致失败；表面愤怒但没有威慑力的，将会受到他人侵犯；好纠集众人欺辱别人的，终将遭殃；杀害或欺辱自己信任重用的人，自己将处在危险之中了；对自己敬重的人污辱慢待，将会带来凶险；与他人相处而貌合神离、阳奉阴违的，最后将使自己被孤立；信赖奸诈的小人，疏远忠实的贤人，这种人必然走向灭亡；听信谗言、抛弃贤良的，这只能使自己处于昏庸无知的状态；暗地里封官许愿的，他的寿命不会长久；让女子去拜见官员、处理公事的，必然要出现淫乱之事；当官的部下暗中给人好处，就快倒霉了；用欺凌部下的做法邀功请赏的，最终自己也会受到侵害；有名无实、假报功绩的，实力将会被逐渐耗损；只想着肥己，却克扣他人，最终要被众人唾弃；给别人带来微小的好处却希望人家厚报的，到头终是希望落空；富贵发达而忘了贫贱的是不会长久的；使用的人不正派，是很危险的；根据人而选择职位，就会导致混乱；失去自己长处的人会变弱；让没有仁义的人出谋划策，是非常危险的；密谋的事情被泄露，肯定要失败；向百姓征收的多，用之于民的少，这将导致民生凋敝。"

◇原文

故《傅子》曰："立德之本，莫尚乎正心。心正而后身正，身正而后左右正，左右正而后朝廷正，朝廷正而后国家正，国家正而后天下正。故天下不正修之国家，国家不正修之朝廷，朝廷不正修之左右，左右不正修之身，身不正修之心。所修弥近，所济弥远。禹、汤罪己，其兴也勃焉，正心之谓也。"

◇译文

因此《傅子》中说："立德的根本，没有比正心更重要的了。心正而后才能身正，身正而后才能让身边的人正，身边的人正而后才朝廷正，朝廷正而后才国家正，国家正而后才天下正。所以天下不正，就要从国家建设做起；国家不正，要整顿朝廷；朝廷不正，要整治文武百官；文武百官不正，当君主的就要从加强自身修养做起；自身不正，要从修心做起。修养的对象越近，所带来的影响越久远。大禹、成汤能责备自己，所以才使得国家兴旺，生气勃勃，这就是正心。"

◇处世智慧

林肯的亲和力"吸引法则"

亲和力是一种强大的力量。既是促使情感归依的起因，又是激发人际交往的动力，它对平衡人类心理起着良好的作用。

亲和力是一种难得的个人魅力，它能唤起人们的热爱之情，并使人们愿意与之交往。

林肯，是美国历史上最伟大的总统之一，是一位以亲切、宽容著称的杰出领袖。这一切与他的亲和力密不可分。

在林肯的故居里，挂着他的两张画像，一张有胡子，一张没有胡子。在画像旁边的墙上贴着一张纸，上面歪歪扭扭地写着：

亲爱的先生：

我是一个11岁的小女孩，非常希望您能当选美国总统，因此请您不要见怪我给您这样一位伟人写这封信。

如果您有一个和我一样的女儿，就请您代我向她问好。要是您不能给我回信，就请她给我写吧。我有四个哥哥，他们中有两人已决定投您的票。如果您能把胡子留起来，我就能让另外两个哥哥也选您。您的脸太瘦了，如果留起胡子就会更好看。所有女人都喜欢胡子，那时她们也会让她们的丈夫投您的票。这样，您一定能当选总统。

格雷西

1860年10月15日

在收到小格雷西的信后，林肯立即回了一封信。

我亲爱的小妹妹：

收到你15日前的来信，非常高兴。我很难过，因为我没有女儿。我有三个儿子，一个17岁，一个9岁，一个7岁。我的家庭就是由他们和他们的妈妈组成的。关于胡子，我从来没有留过，如果我从现在起留胡子，你认为人们会不会觉得有点可笑？

忠实地祝愿你的亚伯拉罕·林肯

次年2月，当选总统的林肯在前往白宫就职途中，特地在小女孩所在的小城韦斯特菲尔德车站停了下来。他对欢迎的人群说，"这里有我的一个小朋友，我的胡子就是为她留的。如果她在这儿，我要和她谈谈。她叫格雷西。"这时，小格雷西跑到林肯面前，林肯把她抱了起来，亲吻她的面颊。小格雷西高兴地抚摸他又浓又密的胡子。林肯笑着对她说："你看，我让它为你长出来了。"

这就是林肯的亲和力。亲和力让人萌发亲近的愿望。人们总是喜爱与谦和、温良的人交往。

如何具有令人着迷的亲和力？关键就是对别人要有发自内心的兴趣。

社会上有许许多多的人，明显缺乏的便是这种对人的兴趣。其原因，大多是他们在应酬人际关系的人生舞台上既不具备天生的人格魅力，又不去努力。

对于你所欲左右的人，对于希望与你合作的人，你务必获得他们的敬爱。而获得他们的敬爱，全凭你人格的魅力。要知道，一个浑身上下透出亲和力的人，与一个整天板着脸的严肃的人相比，绝大多数的人都会选择前者作为自己的交往对象。

为人做事要懂得"以德服人"。我们应当建立起对别人真诚的兴趣，明白我们应该怎么做，不能做什么，友好与人相处，就能发挥我们健全人格的威力，成为具有魅力的赢家。以诚待人，以德待人，是一个人的美德。以德待人的人也会是一个有亲和力的人，也会更容易得到别人的信任，人们也会被他的人格魅力折服。

在人际交往中，"亲和力"具有很好的人际吸引力。让人感到亲切，会缩短你与别人之间的心理距离，从而使你更好地影响他人。

❁反经❁

◇题解

人们历来认为仁义、赏罚是治国的基本纲领。然而，即使有仁义、赏罚等良好的治国方法，如果不根据实际情况恰当选用，反而会有害于国民。因此作者特别从反面论述好的治国方法可能带来的问题，就此撰写了《反经》这一篇。这是全书的着眼点，也是《反经》这本书被后人称为"反经"的原因所在。

◇原文

臣闻三代之亡，非法亡也；御法者，非其人矣。故知法也者，先王之陈迹，苟非其人，道不虚行。故《尹文子》①曰："仁义礼乐名法刑赏，此八者，五帝三王治世之术。"故仁者所以博施于物，亦所以生偏私。义者所以立节行，亦所以成华伪。礼者所以行谨敬，亦所以生惰慢。乐者所以和情志，亦所以生淫放。名者所以正尊卑，亦所以生矜篡。法者所以齐众异，亦所以生乖分②。刑者所以威不服，亦所以生凌暴。赏者所以劝忠能，亦所以生鄙争。

◇注释

①《尹文子》：作者是齐国人尹文，战国时代著名哲学家。

②乖分：分离，分裂。

◇译文

我听说夏、商、周三个朝代之所以灭亡，并不是因为三代的法规制度过时了，而是因为执政的人不是合适的人选。由此可知，所谓法规制度，即前代君王遗留的经验，如果没有合适的人选，就不会真正得以贯彻实行。所以《尹文子》说："仁、义、礼、乐、名、法、刑、赏，这八种政治措施，是五帝和三王治理国家的基本方法。"所以，所谓仁，本来是要广泛地实施于所有民众的，可在实行的过程中却会生出偏袒徇私的情状。所谓义，本是建立节操品行的标准，结果却流于哗众取宠、虚浮诈伪。所谓礼，本是为了让人们的言行严谨恭敬，但也在实行中滋生出惰怠和散漫。所谓乐，本来是用以调和性情的，但在实行过程中会叫人淫逸放浪。所谓名，本是为了明确划分身份贵贱高低的，但在实行中却容易使人产生骄慢或反叛之心。所谓法，本是为了使各行各业的人都有统一的行为准则，但在实行中却会使人背离本分。所谓刑，本来是要威慑、惩罚那些不服管束之人的，但在实行中会导致凌辱、暴虐百姓的行为。所谓赏，本来是为了劝勉人忠心效力、尽展其能的，但也会导致卑鄙低俗的竞争。

◇原文

《文子》[①]曰："圣人其作书[②]也，以领理百事。愚者以不忘，智者以记事。及其衰也，为奸伪以解有罪而杀不辜。其作囿也，以奉宗庙之具，简[③]士卒以戒不虞[④]。及其衰也，驰骋弋猎[⑤]，以夺人时[⑥]。其上贤也，以平教化，正狱讼，贤者在位，能者在职，泽施于下，万人怀德。至其衰也，朋党比周，各推其所与，废公趋私，外内相举，奸人在位，贤者隐处。"

◇注释

①《文子》：即《通玄真经》，作者文子是道家始祖老子的弟子。

②作书：创造文字。

③简：检阅。

④不虞：出乎意料的事。

⑤弋猎：射猎，狩猎。弋，用带绳子的箭射鸟。

⑥人时：有关耕获的时令节气。

◇译文

《文子》一书中说："圣人创制文字，为的是让民众领会处理各种事情，使愚笨的人不忘记自己的事情，使聪明的人记录事实。可当世道衰败时，有学识的人却利用文化知识做出奸诈虚伪的事，替有罪的人辩护开脱，让无辜的人蒙冤而死。辟建园林，为的是作供奉祖宗灵位之用，平时也可以检阅训练军队，以防意外变故。到了世道衰微的时候，园林便成了王公驰射狩猎的场所，结果劳民伤财，贻误农时。尊崇任用贤才，为的是普及教化，公正法律判决，让贤德之人居于应有的地位，让有干才之人担当合适的官职，以便使君王的恩泽博施于民，广大百姓莫不感怀。但到了政治败坏时，往往利用尊崇、重用人才的借口结党营私，各自推举与自己交好的人而徇私废公、内外勾结，以至于奸人窃政，贤人被迫退隐。"

◇原文

《韩诗外传》曰："夫士有五反，有势尊贵，不以爱人行义理，而反以暴傲。家富厚，不以振①穷救不足，而反以侈靡无度。资勇悍，不以卫上攻战，而反以侵凌私斗。心智惠，不以端计教，而反以事奸饰诈。貌美好，不以统朝莅人，而反以蛊女从②欲。"

◇注释

①振：同"赈"，赈济。
②从：古同"纵"。

◇译文

《韩诗外传》说："士人往往会发生五种与本意相反的情况：掌有权势、地位尊贵以后，却不能爱护百姓、推行公义、通情达理，反而变得残暴傲慢。家境富裕以后，却不能周济贫困、扶危救难，反而变得骄奢淫逸、挥霍无度。仗着自己勇敢彪悍的资本，却不能保卫君王、驰骋沙场，反而变得欺小凌弱、好于私斗。心中富于智慧，却不能致力于治国谋划的正事，反而使奸耍滑、颠倒是非。相貌堂堂、风度翩翩之人，却不能在朝堂树立良好形象、为人表率，反而借此蛊惑女色，行淫纵欲。"

◇原文

太公曰："明罚则人畏慑，人畏慑则变故出。明察则人扰，人扰则人徙，人徙则不安其处，易以成变。"

晏子^①曰："臣专其君，谓之不忠；子专其父，谓之不孝；妻专其夫，谓之嫉妒。"韩子曰："儒者以文乱法，侠者以武犯禁。"子路拯溺而受牛，谢孔子。孔子曰："鲁国必好救人于患也。"子贡赎人而不受金于府。孔子曰："鲁国不复赎人矣。"子路受而劝德，子贡让而止善。由此观之，廉有所在而不可公行。

慎子^②曰："忠未足以救乱代，而适足以重非。何以识其然耶？曰：父有良子而舜放瞽叟^③，桀有忠臣而过盈天下。然则孝子不生慈父之家，而忠臣不生圣君之下。故明主之使其臣也，忠不得过职，而职不得过官。"

◇注释

①晏子：即晏婴，春秋后期的政治家、思想家、外交家。以有政治远见、外交才能和作风朴素闻名诸侯国。

②慎子：即慎到，战国时期赵国人，是从道家中分出来的法家创始人物。著有《慎子》一书。

③瞽（gǔ）叟：舜的父亲。传说瞽叟与后妻之子姚象想杀舜，事情失败后，瞽叟还是被舜放走。

◇译文

姜太公说："刑罚严明，人心就会感到畏惧；人心畏惧，就容易生出变故。明察秋毫，人心就会感到纷扰不安；人心纷扰不安，就容易导致人员流徙；人员流徙，就自然不会再安居原地了，这样就容易发生变乱。"

晏婴说："做臣子的博得君主的专宠，叫作不忠；当儿子的获得父亲的偏爱，叫作不孝；为人之妻的独霸丈夫的感情，叫作嫉妒。"韩非子说："儒生用文献典章扰乱国家法令，侠士因果敢勇武而冒犯国家禁令。"子路救了一个落水的人，而领受了一头牛的答谢，并将这件事告诉了孔子。孔子说："以后鲁国的人必定都愿意救人于危难之中了。"子贡赎买了奴隶，却不接受官府按法令给他的赎金。孔子说："以后鲁国不会再有人自己掏钱赎买奴隶了。"子路接受了别人的谢礼，从而起到了劝勉人们行善的作用；子贡谦让，谢绝赎金，反而阻塞了人们效仿为善的路子。由此看来，廉洁谦让的美德也是分场合的，并非可以不分时间、地点等具体情况而广泛推行。

慎子说："作为臣子，仅靠忠诚并不足以救治乱世，如果一味坚持，反而只会加重那个时代的混乱。如何认识这个道理呢？譬如瞽叟很坏却有个好儿子，舜一次次死里逃生，并原谅了父亲；桀是最坏的君王之一，却有不少忠臣，结果使他的罪过盈满天下。因此孝子并不生在慈父之家，忠臣也不产生于贤明君主之下。所以英明的君主所任用的臣子，其忠诚行为不得超过他的职分，而他所负的责任也不能超越其权责范围。"

◇原文

鬼谷子曰："将为胠箧①、探囊、发匮②之盗，为之守备，则必摄缄縢③、固扃鐍。此代俗之所谓智也。然而巨盗至则负匮、揭箧、担囊而趋，唯恐缄縢、扃鐍④之不固也。然则向之所谓智者，有不为盗积者乎？"其所谓圣者，有不为大盗守者乎？何以知其然耶？昔者，齐国邻邑相望，鸡狗之音相闻，网罟⑤之所布，耒耨⑥之所刺，方二千余里。阖四境之内，所以立宗庙社稷，治邑屋⑦州闾⑧乡里者，曷尝不法圣人哉？然而田成子一朝杀齐君而盗其国，所盗者岂独其国耶？并与圣智之法而盗之。故田成子有乎盗贼之名，而身处尧、舜之安，小国不敢非，大国不敢诛，十二代而有齐国，则是不乃窃齐国，并与其圣智之法，以守其盗贼之身乎？

◇注释

①胠箧（qū qiè）：撬开箱子。箧，泛指箱子一类的东西。

②发匮：揭开大箱子。匮，即"柜"。

③缄縢（jiān téng）：绳索。

④扃镭（jiōng jué）：门闩锁钥之类。扃：本指从外边关门的门闩，此即箱柜的开关。镭：箱子上安锁的环形钮。

⑤网罟（gǔ）：渔猎的网具。

⑥耒耨（lěi nòu）：犁和锄，也泛指农具。

⑦邑屋：古代行政区域单位。"六尺为步，步百为亩，亩百为夫，夫三为屋，屋三为井，井四为邑。"

⑧闾：古代一种居民组织，"五家为比，五比为闾"，即二十五家为一闾。

◇译文

鬼谷子说："总有溜门撬锁、掏摸口袋、翻箱倒柜这一类的盗贼，为了防备他们，人们总是把宝物放在箱柜里，外面用绳索捆绑好，再加上锁，生怕不牢固。这样的防盗办法，历代被世俗的人们当作是聪明的表现。可是一旦江洋大盗来了，背起柜子、扛起箱子、挑起口袋就走，这时他们唯恐你捆得不紧、锁得不牢呢。由此看来，以前被认为是聪明的人，不正是在为盗贼做积累的准备吗？"而那些世俗所称的圣人，能说没有不为大盗做此守护者的吗？怎么理解这个道理呢？从前的齐国城镇相连，鸡犬相闻，可供人们捕鱼打猎、耕田播种的土地，方圆达两千余里。齐国境内，上到宗庙、社稷的建设，下到城镇乡村的组织规划，哪一样不是依照开国圣人姜太公的做法呢？然而等到后来田成子一朝之时就杀了齐简公，进而窃取了齐国，那么田成子所到手的又岂止是一个齐国？他是一并把圣明智慧的治国之法都偷过来了。所以历史上虽然骂田成子是窃国大盗，可齐国权势到手后，他就像尧舜一样安坐君王的交椅，弱小之邦不敢妄加非议，强大之国也不敢兴兵征伐，田氏国君宝座到底传了十二代，这难道不是不但盗取了齐国的江山，而且偷窃了姜太公开创的圣明智慧的治国之法，而这些权势、法度又反过来保护了这个窃国大盗吗？

◇原文

跖^①之徒问于跖曰："盗亦有道乎？"跖曰："何适其无有道耶？夫妄意室中之藏，圣也。入先，勇也。出后，义也。知可否，智也。分均，仁也。五者不备而能成大盗者，天下未之有也。"

由是观之，善人不得圣人之道不立，盗跖不得圣人之道不行。天下之善人少而不善人多，则圣人之利天下也少，而害天下也多矣。由是言之，夫仁义礼乐、名法刑赏、忠孝贤智之道，文武明察之端，无隐于人，而常存于代，非自昭于尧、汤之时，非故逃于桀、纣之朝，用得其道则天下理，用失其道则天下乱。故知制度者，代非无也，在用之而已。

◇注释

①跖（zhí）：即盗跖。盗跖原名展雄，又名柳下跖、柳展雄，相传为古代民间大盗。

◇译文

盗跖的门徒问盗跖："当强盗也有道吗？"盗跖说："天下什么事能离得了道呢？能够估计其家中有多少财宝，是圣。入室行盗前一马当先，是勇。撤退时殿后，是义。能决断可不可偷，是智。到手财物分配得均匀，是仁。这五条标准不具备而能成为大盗的，天下还没有过呢。"

由此看来，好人不懂得圣人之道就难立身处世，盗贼不掌握圣人之道也难以横行。天下到底还是好人少而坏人多，所以圣人为天下带来的利益就少，而给天下带来的祸害也就多了。总而言之，儒家的仁、义、礼、乐也好，法家的名、法、刑、赏也罢，还有忠、孝、贤、智等道德以及文韬武略、审时度势等才智，并没有向任何人隐瞒，而是代代常存的，并不自行昭显于唐尧、商汤等圣明时代，也并非到了夏桀、商纣等昏乱时代就隐匿不见了。关键在于怎样运用它：使用得当就天下大治，使用不当就天下大乱。所以可知，好的治国思想、规章制度，每个时代都不缺少，关键在于人们是否正确选择与运用罢了。

◇变通智慧

反其道而行之

凡事不可生搬硬套，而应灵活地解决。如果拘泥于陈腐的模式，必然无法超越前人。只要主动地打破常规，自行开辟一片天地，难题就会迎刃而解。因此，想做出一番事业，就必须主动调整自我，适应社会的变化，并懂得打破常规以取得成功。

不依规矩，不成方圆。生活离不开各种各样的规矩，有些我们应当遵守，但是完全按照规矩办事很容易陷入僵局之中，在适当的情况下打破规矩的限制，甚至反其道而行之，往往会取得意想不到的效果。

由于业内竞争激烈，一家名为弗朗西斯的货运公司为了扩大知名度，提高公司效益，在广告宣传上煞费苦心。虽然投钱又投力，但效果甚微。

这时候，公司经理想到了自己的一位新闻界的朋友，于是想请他来帮忙出出主意。这位朋友说，作为广告来说，创意最重要，最好能贴近普通大众的需求，这样才能吸引更多的眼球。经理觉得朋友的建议非常好，但是，具体要选择哪个方向的创意呢？这位朋友给他指了一条路，那就是在"结婚"上面做文章。

对啊，公司里的人一下子茅塞顿开。婚姻可是人生中的大事，也是普通大众尤为关心的事情之一。这时候，一位员工想到了一个绝妙的主意。他认为，广告的功效在于在老百姓当中产生反响，至于是好的反响还是坏的反响并不重要。所以他建议公司能够"反其道而行之"，在某种程度上"诋毁"一下公司的形象，即使遭到嘲笑，但目的也照样会达到。而且他相信，随着知名度的打开，以后的生意一定会有起色。

公司经理采纳了这个建议。接下来，弗朗西斯货运公司便立刻与当地的一家著名报纸协商，在该报一篇有关本地夫妇旅游结婚的报道顶栏处做了这样一个广告："他们在货车上度蜜月，相爱4.5万公里。"整个广告只字不提弗朗西斯货运公司不说，而且居然让新婚夫妇的蜜月在货车上度过！果然，在广告登出的第二天，在当地百姓中传开了这样一个话题："谁想出来的歪主意？新婚夫妇在货车上面度蜜月！""还有谁，就是那个弗朗西斯货运公司！"广告的目的达到了，大家都知道了有这么一家货运公司，以至于一提到货运，就会有人开这样的笑话："你准备去度蜜月吗？"从此，弗朗西斯货运公司闻名遐迩，大接订单，效益斐然。

如果已经被外界置于弱势的地位，仍然继续墨守成规、苦苦支撑，最终的结果很可能是一败涂地。那么，怎样才能改变所处的不利形势呢？那便是反其道而行之，这样才能化被动为主动，赢得先机。

反过来思考问题，往往会达到出奇制胜的效果。打破常规的思维方式，会让人独辟蹊径，在别人没有注意的地方有所发现，有所突破，从而获得出人意料的结果。

我们改变不了过去，但可以改变现在；我们很难改变环境与问题，但可以改变自己。采取主动的态度，磨砺前进的刀锋，千变万化将由你来驾驭。

是 非

◇**题解**

在本篇中，作者运用了古人典籍中的经典语句，对众多正反观点加以证明或驳斥。每一个观点都旁征博引，有理有据，很是具有说服力。通过"是"与"非"的辩证，阐述了要正确认识事物的对立与统一，做事要有辩证的思维和眼光，切忌陷入片面和极端。

◇**原文**

夫损益殊途，质文异政。或尚权以经纬，或敦道以镇俗。是故前志垂教，今皆可以理违。何以明之？

〔是曰〕《大雅》云："既明且哲①，以保其身。"《易》曰："天地之大德曰生。"

〔非曰〕语曰："士见危致命。"又曰："君子有杀身以成仁，无求生以害仁。"

◇**注释**

①既明且哲：既明辨是非，又聪明过人。明，明辨是非。哲，聪明。

◇**译文**

损与益是相反的，质与文是不同的。有人崇尚用权力谋略来管理国家，有人推崇用道德教化来稳定百姓。因此，前代众多思想观念留传下来，如今都可以从中找出正反的论述。如何来说明这一现象呢？

〔正方〕《诗经·大雅》说："既明辨是非，又聪明过人，才能确保安全。"《周易》说："天地之间最伟大的德行就是爱惜生命。"

〔反方〕古语说："有教养的人遇到危险应当舍身赴难，见义勇为。"又说："君子只有勇于牺牲生命以成仁的，而没有因贪生怕死而损害仁的。"

◇原文

〔是曰〕管子曰："疑今者察之古，不知来者视之往。"古语曰："与死人同病者，不可生也；与亡国同行者，不可存也。"

〔非曰〕《吕氏春秋》曰："夫人以食死者，欲禁天下之食，悖①矣；有以乘舟死者，欲禁天下之船，悖矣；有以用兵丧其国者，欲偃②天下之兵，悖矣。"杜恕③曰："夫奸臣贼子，自古及今未尝不有。百岁一人，是为继踵；千里一人，是为比肩。而举以为戒，是犹一噎而禁人食也。噎者虽少，饿者必多。"

◇注释

①悖：背谬，行不通。

②偃：停止。

③杜恕：三国时期魏国大臣。

◇译文

〔正方〕管子说："如果现实生活使人困惑，就应多去看看古人；如果想预知未来，就应读读历史。"古语说："与死去的人患同样的病，是不可能活命的；与灭亡的国家执行同样的政治路线，是不可存续的。"

〔反方〕《吕氏春秋》中说："见有人因吃食物噎死了，就禁止天下所有人吃食物，真是荒谬呀；见有人因坐船不小心淹死了，就禁止天下的人乘船，真是荒谬呀；见有人因战败而导致国家灭亡，就取消全天下的军队，真是荒谬呀。"杜恕说："奸臣贼子，从古到今不是说没有。可是如果百年出一个，就认为会接踵而来；千里遇上一个人，就认为到处都是。并以此作为戒条，这就如同因为有人噎死就禁止大家吃食物一样。噎死的人虽然不多，但是饿死的人就多了。"

◇原文

〔是曰〕孔子曰："恶讦①以为直。"

〔非曰〕管子曰："恶隐恶以为仁者。"

曹魏羲②《至公论》曰："夫代人所谓掩恶扬善者，君子之大义；保明同好者，朋友之至交。斯言之作，盖闾阎③之臼谈，所以收爱憎之相谤，非笃正之至理，折中之公议也。世士不料其数而系其言，故善恶不分，以覆过为宏也。朋友忽义，以雷同为美也。善恶不分，乱实由之。朋友雷同，败必从焉。谈论以当实为清，不以过难为贵。相知以等分为交，不以雷同为固。是以达者存其义不察于

文，识其心不求于言。"

◇注释

①讦（jié）：攻击或者揭发别人的短处。

②羲（xī）：曹羲，三国时期魏国的臣子。

③闾阎：泛指平民老百姓。

◇译文

〔正方〕孔子说："敢憎恨那些揭发别人阴私的人，才是正直无私的人。"

〔反方〕管子说："敢憎恨那些隐瞒别人恶行的人，才是有仁爱之心的人。"

三国时魏国大臣曹羲在《至公论》中说："人们所说的替别人掩盖恶行、弘扬善举，是君子最高的行事准则；保护、宣扬相同的爱好，是朋友间最深的交情。这种说辞，不过是市井俗人的无稽之谈罢了。其真正目的在于把爱憎相同的人互相诋毁对方当作有共同语言，所以这类街谈巷议根本不会成为诚实公正的道理。世上的读书人不去探究其中的道理，只靠只言片语来得出结论，因此善恶不分，混乱的世道往往是这样造成的。朋友间忽略公正的道理，以一味附和为美好。处理事情不分善恶，不尊重事实。朋友间一味附和，失败必然会随之而来。当然，做任何事情都要以求实的精神为准则，不相互为难和指责才好。相知的朋友要以平等相待作为交往的前提条件，不要把是非不分、随声附和当作是友情牢固。因此豁达明志的人，只要大的原则一致，并不追求外在的形式。只要心灵相通相知就好，并不寻求言语的相同。

◇原文

〔是曰〕《越绝书》①曰："衒②女不贞，衒士不信。"

〔非曰〕《汉书》曰："大行不细谨，大礼不让辞。"

〔是曰〕黄石公曰："务广地者荒，务广德者强；有其有者安，贪人有者残。残灭之政，虽成必败。"

〔非曰〕司马错③曰："欲富国者，务广其地；欲强兵者，务富其人；欲王者，务博其德。三资者备，而后王业随之。"

◇注释

①《越绝书》：东汉袁康、吴平合著，记载古代吴越地方史的杂史。

②衒：炫耀，自夸;卖弄。

③司马错：战国时期秦国名将。

◇译文

〔正方〕《越绝书》说："卖弄色相的女子不贞洁，自我夸耀的士子不诚信。"

〔反方〕《汉书》说："想成大事不必拘于小节，欲行大礼无须小心谦让。"

〔正方〕黄石公说："土地贪图得太多，种不过来就会荒芜；追求仁德广施于天下，国家才会强大。保护好自己拥有的东西，能使人安分守己；贪图别人有的东西，就会发生残暴的行为。残暴的政治统治，虽然能成功一时，但终究会失败。"

〔反方〕司马错说："要想使国家富强，必须扩充领土；要想军队强大，必须使人民富有；要想称王统治天下，必须推行德政。这三个条件具备了，王业就会随之而来。"

◇原文

〔是曰〕《传》曰："心苟无瑕，何恤①乎无家？"《语》曰："礼义之不愆②，何恤于人言？"

〔非曰〕语曰："积毁销金③，积谗磨骨，众羽溺舟，群轻折轴。"

〔是曰〕孔子曰："君子不器，圣人智周万物。"

〔非曰〕列子④曰："天地无全功，圣人无全能，万物无全用。故天职生覆，地职载形，圣职教化。"

◇注释

①恤：忧虑。

②愆：罪过，过失。

③积毁销金：指不断的毁谤能使人毁灭。

④列子：战国前期道家代表人物。相传他著《列子》一书，思想属黄老学派。

◇译文

〔正方〕《左传》说："只要心里纯洁无邪，又何必担忧没有归宿呢？"古语说："只要礼义上不出差错，又何必害怕别人说三道四呢？"

〔反方〕古语说："诽谤不实之词太多了，金子也会被熔化。诬陷不实之词太多了，能把人的骨头磨垮。羽毛数量多了，也能把船压沉。轻的东西多了，同样能把车轴压断。"

〔正方〕孔子说："君子不器，圣人运用智慧可以应付万事万物。"

〔反方〕列子说："天地不是万能的，圣人也不是全能的，世间的万事万物也不是什么问题都能解决。所以天的职能是普育众生，地的职能是承载万物，圣人的职责是教育民众。"

◇原文

〔是曰〕孔子曰："君子坦荡荡，小人长戚戚①。"

〔非曰〕孔子曰："晋重耳②之有霸心也，生于曹、卫；越勾践③之有霸心也，生于会（kuài）稽。故居下而无忧者则思不远，覆身而常逸者则志不广。"

〔是曰〕韩子曰："古之人目短于自见，故以镜观面；智短于自知，故以道正己。"

〔非曰〕老子曰："反听之谓聪，内视之谓明，自胜之谓强。"

◇注释

①长戚戚：形容斤斤计较、患得患失。

②重耳：晋文公，春秋五霸之一。他曾被迫流亡在外十九年，后在秦穆公的支持下回晋杀晋怀公而立，开创了晋国长达百年的霸业。

③勾践：春秋时期越国君主，曾被吴王夫差打败，被困会稽。

◇译文

〔正方〕孔子说："君子光明磊落、心胸坦荡，小人则斤斤计较、患得患失。"

〔反方〕孔子说："晋国公子重耳有称霸的雄心，是在曹国和卫国流亡时遇到不公正的礼遇和污辱后才萌发的；越王勾践有称霸的雄心，是在会稽（今浙江绍兴）被吴王夫差打败后萌生的。所以居在屈辱的地位而不忧患的人，说明他没志气；身在困厄中反而得过且过的人，说明他心胸不广。"

〔正方〕韩非子说："古时候的人因为眼睛看不到自己的面容，所以用镜子照面；因为智慧不足以自知，所以用真理来反省、修正自己。"

〔反方〕老子说："从相反的角度听叫作聪，善于反省自己叫作明，能战胜自己叫作强。"

◇原文

〔是曰〕唐且①曰："专诸②怀锥刀而天下皆谓之勇，西施被短褐而天下称美。"

〔非曰〕慎子曰："毛嫱（qiáng）、西施，天下之至姣也。衣之以皮倛③，则见者皆走；易之以玄缔④，则行者皆止。由是观之，则玄缔色之助也。姣者辞之，则色厌矣。"

〔是曰〕项梁曰："先起者制服于人，后起者受制于人。"《军志》曰："先人有夺人之心。"

〔非曰〕史佚有言曰："无始祸。"又曰："始祸者死。"语曰："不为祸始，不为福先。"

◇注释

①唐且：战国时期魏国人，魏国、安陵国的谋士。

②专诸：春秋时期吴国人，中国古代"四大刺客"之一。专诸刺杀了吴王僚。

③皮倛（qī）：皮制的面具，古人用来驱疫。

④玄绡（xī）：黑色的细布。

◇译文

〔正方〕唐且说："刺客专诸怀里藏着锥刀刺杀吴王僚，天下的人都赞许他勇敢；美女西施身穿粗布短衣，天下的人仍然称赞她漂亮。"

〔反方〕慎子说："毛嫱、西施，是天下最美丽的女子。如果让她们穿上兽皮做的衣服，人们见了也会吓得跑开；如果让她们换上好看的细麻布衣服，过路的人都会停下观看欣赏。由此看来，姿色则是好衣服衬托的结果。美女不穿漂亮的衣服，姿色也会大减。"

〔正方〕项梁说："先下手的人能制服别人，后下手的人容易被别人制服。"《军志》上说："先下手的人有夺取人心的优势。"

〔反方〕史佚曾经说："不要首先制造灾祸。又说："首先制造灾祸的人必死无疑。"

古语说："不要做带头闯祸的人，也不要做带头享福的人。"

◇原文

〔是曰〕慎子曰："夫贤而屈于不肖者，权轻也；不肖而服于贤者，位尊也。尧为匹夫，不能使其邻家；及至南面而王①，而令行禁止。由此观之，贤不足以服物，而势位足以屈贤矣。"

〔非曰〕贾子②曰："自古至今，与民为仇者，有迟有速耳，而民必胜之矣。故纣自谓天王也，而桀自谓天父也，已灭之后，民以骂之也。以此观之，则位不足以为尊，而号不足以为荣矣。"

◇注释

①南面而王：古人在方位中重视南方，坐北朝南便成为尊位，古代帝王临朝都坐北朝南。因此，把当国君也称作南面而王。

②贾子：西汉贾谊，著名政论家、文学家。

◇译文

〔正方〕慎子说："贤能的人服从寡德无才之辈，是因为权力太小。寡德无才的人心甘情愿地服从有德才的人，是因为后者的地位尊贵。唐尧为一介平民之时，连邻居都指使不动，等到他做了帝王，很容易就做到令必行，禁必止。由此看来，贤德不足以服人，而权势却能使贤者屈从。"

〔反方〕贾谊说："从古到今，与老百姓结仇的帝王，他的灭亡迟早会到来，而老百姓必定会胜利。尽管商纣自称天王，夏桀自称天父，灭亡之后，老百姓照样骂。由此看来，权势不是最让人尊崇的，头衔也不是最光荣的条件。"

◇原文

〔是曰〕汉景帝时，辕固与黄生争论于上前。黄生曰："汤、武非受命，乃杀也。"固曰："不然。夫桀、纣荒乱，天下之心皆归汤、武。汤、武与天下之心而诛桀、纣，桀、纣之人弗为使而归汤、武。汤、武不得已而立，非受命为何？"

〔非曰〕黄生曰："冠虽弊①，必加于首；履虽新，必贯于足。何者？上下之分也。今桀、纣虽失道，然君上也；汤、武虽圣，臣下也。夫主有失行，臣不正言匡过②以尊天子，反因过而诛之，代立南面，非杀而何？"

◇注释

①弊：通"敝"，破旧之意。
②匡过：纠正过失。

◇译文

〔正方〕汉景帝时，辕固和黄生在汉景帝眼前争辩。黄生说："汤王、武王并非承袭天命继位天子，而是弑君篡位。"辕固说：不是这样的。夏桀、商纣凶横昏乱，才使民心归顺了汤武。汤、武依靠民心去讨伐桀、纣，桀、纣的百姓不肯为他们效命而纷纷投入商汤、周武王的怀抱。汤、武受臣民拥护，不得已而为王，这不是承袭天命又是什么呢？"

〔反方〕黄生说："再破旧的帽子，也是戴在头上；再新的鞋子，也是穿在脚下。为什么呢？因为万事万物都有个上下之分。现在桀、纣虽无道，但毕竟是国君；汤、武虽英明，毕竟是臣子。国君有过错，做臣子的不去劝谏纠正并使之尊荣，反而趁机讨伐，并取代称王，这不是谋杀又是什么？"

◇原文

〔是曰〕太公曰："明罚则人畏慑，人畏慑则变故出；明赏则人不足，不足则怨长。故明王之理人，不知所好，不知所恶。"

〔非曰〕文子曰："罚无度则戮而无威，赏无度则费而无恩。"故诸葛亮曰："威之以法，法行则知恩；限之以爵，爵加则知荣。"

〔是曰〕文子曰："人之化上，不从其言，从其行也。故人君好勇而国家多难，人君好色而国家昏乱。"

〔非曰〕秦王曰："吾闻楚之铁剑利而倡优①拙。夫铁剑利则士勇，倡优拙则思虑远。以远思虑御勇士，吾恐楚之图秦也。"

◇注释

①倡优：以音乐歌舞或杂技戏谑娱人的艺人。

◇译文

〔正方〕姜太公说："惩罚严明，就会使人心里畏惧，心里畏惧就会发生不可预知的变故；奖赏分明，容易让人产生贪念，贪念得不到满足就会心生怨恨。所以圣明的君王管理天下人，不会让人看出他的喜好，不会让人知晓他厌恶什么。"

〔反方〕文子说："如果惩罚没有尺度，即使杀人再多也不会起到震慑；如果奖赏没有标准，即使花费再多也没有人知恩图报。"所以诸葛亮说："威严地实施法律，他们就会知道什么是恩惠了；不随便加官晋爵，一旦得到爵位，他们就会感到荣宠而珍惜它。"

〔正方〕文子说："百姓看待统治者的教化，不是看他说了什么，而是看他做了什么。所以人君好战，那么国家就会多灾难；人君好色，国人就会淫乱腐败。"

〔反方〕秦王说："我听说楚国的铁剑很锋利，但歌舞艺人的表演很拙劣。铁剑锋利说明楚国的士兵很勇敢，歌舞拙劣则说明楚国君臣的谋略比较长远。用长远的谋略来驾驭勇敢的士兵，我担心楚国将对秦国有图谋呀。"

◇原文

〔是曰〕墨子曰："虽有贤君，不爱无功之臣；虽有慈父，不爱无益之子。"

〔非曰〕曹子建曰："舍罪责功者，明君之举也。矜①愚爱能者，慈父之恩也。"《三略》②曰："含气之类皆愿得其申志，是以明君贤臣屈己申人。"

〔是曰〕《传》曰："人心不同，其犹面也。"曹子建曰："人各好尚。兰、茝、荪③、蕙之芳，众人所好，而海畔有逐臭之夫④；咸池六英之发⑤，众人所乐，而墨子有非之之论。岂可同哉？"

〔非曰〕语曰："以心度心，间不容针。"孔子曰："其恕乎！己所不欲，勿施于人。"

◇注释

①矜：同情、怜悯。

②《三略》：原称《黄石公三略》，是著名的中国古代军事著作。

③荪（sūn）：一种香草。

④逐臭之夫：比喻嗜好怪癖与众不同的人。

⑤咸池、六英：二者皆为古乐曲名。

◇译文

〔正方〕墨子说："国君即使很贤明，也不喜欢没有功勋的臣子；父亲即使很慈爱，也不喜欢一无是处的儿子。"

〔反方〕曹植说："宽恕有罪之人，而严格要求有功的人，才是贤明的君主；怜悯笨拙的儿子，也喜爱聪明的儿子，才是仁慈的父亲。"《三略》说："天地生灵都想施展自我的才志，因此，明君和贤臣都能委屈自己而成全别人。"

〔正方〕《左传》说："每个人的内心是不同的，就像每个人拥有不同的面孔。"曹植说："人各有喜好。像兰、茝、荪、蕙的芳香，人们都喜欢，可是海边的渔夫却偏偏喜欢鱼腥味；《咸池》《六英》这样的乐曲，人们都爱听，然而墨子却对它们有否定的评论。怎么能让所有人都喜好相同的事物呢？"

〔反方〕古语说："将心比心，人们就会融洽无隔阂。"孔子说："那就是'恕'吧！就是自己所不喜欢的，就不要强加给别人。"

◇原文

班固云："昔王道既微，诸侯力政，时君世主好恶殊方，是以诸家之术蜂起并作，各引一端，崇其所善，以此驰说，取合诸侯。其言虽殊，譬犹水火，相灭亦能相生也。仁之与义，敬之与和，事虽相反，而皆相成也。"

《易》曰："天下同归而殊途，一致而百虑。"此之谓也。

◇译文

班固说："从前王道衰微，各诸侯国争相巩固自己的政权，由于当时各国的君主好恶不同，因而使诸子百家的学说蜂拥而起。他们各执己见，大力宣扬所推崇的思想观点，并且到处游说，争取让各诸侯采纳。他们的学说虽然迥异，但就像水与火的关系一样，既能相灭，而又相生。仁和义，敬与和，事理虽截然相反，然而它们却又是相辅相成的。"

《易经》中说："天下人要归同一个地方，只是道路不同；达到同一个目的，只是思虑多种多样。"说的正是这个意思。

◇变通智慧

不被长处蒙蔽双眼

每个人都有别人不能及的优势和长处，只有清楚地了解自己并能提升自己的长处和优势，才能让自己的能力成倍地增加，把这种优势发挥到极致。

一个青年到巴黎找工作，期望父亲的朋友能帮助自己找一份谋生的工作。父亲的朋友问：

"你数学精通吗？"青年羞涩地摇头。

"历史、地理怎么样？"青年还是不好意思地摇头。

"那法律呢？"青年窘困地垂下头。"会计怎么样？"父亲的朋友接连地发问，青年都只能摇头告诉对方——自己似乎从来就一无所长，连丝毫的优点也找不到。

"那你先把自己的住址写下来，我总得帮你找一份事做。"青年羞涩地写下自己的住址，急忙转身要走，却被父亲的朋友一把拉住了："年轻人，你的名字写得很漂亮嘛，这就是你的优点啊，你不该只满足找一份糊口的工作。"

把名字写好也算一个优点？青年在对方眼里看到了肯定的答案。哦，我能把名字写得叫人称赞，那我就能把字写漂亮，能把字写漂亮，我就能把文章写得好看……受到鼓励的青年，一点点地放大着自己的优点，兴奋得脚步立刻轻松起来。数年后，青年果然写出了具有世界影响力的经典作品。他就是法国18世纪家喻户晓的著名作家大仲马。

发掘自己的长处，利用自己所有的优势，追求真正属于自己的道路，这是获取事业成功的捷径。挖掘自己的优点，放大它，你的生活和工作就会大为不同。许多人本来可以做大事、立大业，但实际上却做着小事，过着平庸的生活，原因就在于他们没有挖掘自己的长处或者没有将自己的优势放大。

在一个风光秀丽的小镇上，来了三个旅行者。他们同时住进一家旅店，都打算第二天一早出去游玩。次日清晨，三人一同出门。一个旅客带了一把伞，一个旅客拿了一根拐杖，第三个旅客则两手空空，什么也没拿。一天很快就过去了，傍晚的时候下了一场大雨，当天色已经黑透的时候，三人陆续回来了。

旅店的其他旅客感觉很奇怪：带着雨伞的人淋湿了衣服；拿拐杖的人身上沾了不少泥，看起来摔倒过；而空手者却什么事都没有，浑身上下干干净净。前两人也很奇怪，问第三个人这是为什么。

第三个旅行者没有回答，而是问拿伞的人："你为什么只是淋湿而没有摔跤呢？"

"下雨的时候，我依仗着手中有伞，就大胆地在雨中走，可风雨太大，衣服还是湿了不少。泥泞难行的地方，因为没有拐杖，走起来小心翼翼，就没有摔跤。"

再问拿拐杖者，他说："下雨时，因为没有伞，我就拣能躲雨的地方走或停下来休息。泥泞难行的地方我便用拐杖拄着行走，反而跌了跤。"

空手的旅行者哈哈大笑，说："下雨时我拣能躲雨的地方走，路不好时我细心走，所以我没有淋着也没有摔跤。你们有凭借的优势，就不够仔细小心，以为有优势就没问题，所以反而有伞的淋湿了，有拐杖的摔了跤。"

三个旅行者都有各自的优势，只是他们用的地方不同，以致产生了不一样的结果。只有时刻保持清醒和理智，你的雨伞才会为你遮风挡雨，你的拐杖才能让你走得更稳。善于运用长处的人，能够清晰地知晓自己的优势，并把这种优势应用在关键的地方，才能时时提高长处的效率。

在人生的坐标系里，一个人如果站错了位置——用他的短处而不是长处来谋生的话，就可能会在永远的卑微和失意中沉沦。同时，在职场的风雨中，人们有时也会犯那两个旅行者一样的毛病。长处是我们身上宝贵的资源，它能让我们在某一领域或某一方面超越别人。可是如果以为有了优势就可以高枕无忧，甚至被自己的长处蒙住了双眼，结果只会是被别人赶上，长处反而变成了约束自身的短处。只有合理地应用自己的优势，职场路才有可能一帆风顺。

适 变

◇题解

事物的发展不是一成不变的，都有其发展变化的内在规律。历史上出现的各种治世方法，如黄老之术，儒家墨家的治国之术，商鞅、申不害、韩非子的法制之术等，都是时代发展的产物。本篇以"适变"为题，通过古代诸家的论述，阐述了"法宜其时则理，事适其务故有功"的适变主张。

◇原文

昔先王当时而立法度，临务而制事。**法宜其时则理，事适其务故有功。今时移而法不变，务易而事以古，是则法与时诡，而时与务易，是以法立而时益乱，务为而事益废。故圣人之理国也，不法古，不修今，当时而立功，在难而能免。由是言之，故知若人者，各因其时而建功立德焉。**

何以知其然耶？

◇译文

从前先王根据当时的实际情况建立相应的制度，根据当时的任务制定政策。制度和政策和适宜，国家才能治理好，做事情符合实务才会取得成功。如今形势变了，而制度没有变；任务变了，而政策还要死搬已经过时的那一套，使制度与时代、任务与政策脱节，这样一来，即使有好的制度和法规也是徒增混乱，做的事再多也是劳而无功。所以圣人治国，一不法古，二不贪图一时之宜。而是因时变法，只求实效。这样，遇到烦难也容易解决。由此说来，要知道这些人，都各自在生活的时代得以建功立德。

为什么得出这个结论呢？

◇原文

桓子①曰："三皇②以道治，五帝③用德化，三王④由仁义，五霸用权智⑤。"五帝以上久远，经传无事，唯王、霸二盛之美，以定古今之理焉。夫王道之治，先除人害，而足其衣食。然后教以礼仪，而威以刑诛，使知好恶去就。是故大化四凑，天下安乐，此王者之术。霸功之大者，尊君卑臣，权统由一，政不二门，赏罚必信，法令着明，百官修理，威令必行。

◇注释

①桓子：即季桓子，春秋时期鲁国卿大夫。

②三皇：指上古时代的神农、女娲和伏羲。

③五帝：五帝时代的五位部落首领或部落联盟首领，具体指的是:黄帝、颛顼、帝喾、尧、舜。

④三王：此指大禹、后稷、文王。

⑤权智：权术智谋。

◇译文

季桓子说："三皇时代是以道治理天下，五帝时是用德化育天下，三王用仁义教导人民，春秋五霸却用权术和智谋制服别的国家。"五帝以前的事已太久远，经传上也没有记载，唯有"王道"和"霸道"的美名盛传于今，只好用它们的利弊得失作为我们讨论古往今来治国的经验教训了。王道的统治，是先铲除祸害人民的社会恶势力，让人民丰衣足食。经济状况得到保证后，就应该进行文明礼仪和伦理道德的教育了，然后建立法规、刑罚来树立国威，让人民群众分清善恶，明白自己前途之所在。由此可见，最伟大的盛世是通过多种因素，举国上下同心协力，从而使普天之下一片安乐祥和的景象，这就是王者的治国艺术。成就伟大霸业的国王，能做到君尊臣卑，权力统一执行，政策法令由专门的机构制定，赏罚、法令严明，百官各司其职，有法必依。

◇原文

《道德经》^①曰："我无为而人自化。"《文子》曰："所谓无为者，非谓引之不来，推之不往，谓其修理而举事，因资而立功，推自然之势也。"

◇注释

①《道德经》：又称《老子》《老子五千文》，传说是春秋时期的老子李耳所撰写。

◇译文

《道德经》说："我无为，人民就会自我教育。"《文子》上说："所谓无为，并不是需要他时他不来，不需要他时他不走，而是要按一定规律办事，并借助有利条件去夺取成功，一切都要顺其自然。"

◇原文

故曰："汤、武，圣主也，而不能与越人乘舲舟泛江湖。伊尹，贤相也，而不能与胡人骑原马、服騊駼[1]。孔、墨，博通也，而不能与山居者入榛薄[2]、出险阻。由是观之，人智之于物浅矣，而欲以炤[3]海内、存万方，不因道理之数而专己之能，则其穷不远。故智不足以为理，勇不足以为强，明矣。然而君人者在庙堂之上，而知四海之外者，因物以识物，因人以知人也。

夫冬日之阳，夏日之阴，万物归之而莫之使。至精之感，弗召自来。待目而昭见，待言而使令，其于理难矣。皋陶喑[4]而为大理，天下无虐刑；师旷瞽而为大宰，晋国无乱政。不言之令，不视之见，圣人所以为师。"

此黄、老之术也。

◇注释

①騊駼（táo tú）：马名。《山海经》记载："北海内有兽，状如马，名騊駼。"

②榛薄：丛杂的草木。引申指山野僻乡。

③炤（zhào）：照耀。

④喑：嗓子哑。

◇译文

所以说："商汤和周武王虽是圣主，却不能和越人一起乘舟泛湖；伊尹虽是贤相，却不能和胡人一道骑马奔驰；孔、墨虽然都博学多才，万事皆通，却不能像山里人那样钻山入林。由此可见，人的智能跟世间万物比起来是很有限的；如果想眼观四海，胸怀天下，却不掌握真理，仅凭自己有限的本领，是不能做到这一点的。一人的智慧，不能囊括全部知识道理；一人的勇敢，不能无敌于天下。这是很明显的道理。然而，作为国家的君主坐在朝堂之上，就能对天下形势了如指掌，其奥妙就在于他能因物知物，因人知人。

天下万物都知道在冬天寻找太阳的温暖，在夏日里寻找阴凉之地，并没有什么人让它们这样做啊！可是在精诚的感召下，万物都不叫自来。如果都等目光的示意、号令的指挥才去执行命令，这在道理上很难讲得通。皋陶虽然是个哑巴，但他作为大禹的最高法官时，天下没有酷刑；师旷是个盲人，但他做了宰相后，晋国没有过乱政。像这样不言语就发出了命令，不观望就能了解一切，就是我们要向圣人学习的。

这就是黄、老的治国之术。

◇原文

孔子闲居，谓曾参曰："昔者明王内修七教，外行三至。七教修而可以守，三至行而可以征。明王之守也，则必折冲①千里之外；其征也，还师衽席②之上。"

曾子曰："敢问'七教'？"

孔子曰："上敬老则下益孝，上敬齿则下益悌③，上乐施则下益亮，上亲贤则下择交，上好德则下无隐，上恶贪则下耻争，上廉让则下知节。此之谓七教也。昔明王之治人也，必裂地而封之，分属而理之。使有司④月省而时考之，进贤良，退不肖，哀鳏寡，养孤独，恤贫穷，诱孝悌，选才能。此七者修，则四海之内无刑人矣。上之亲下也如手足之于腹心，则下之亲上也如幼子之于慈母矣。其于信也，如四时；而人信之也，如寒暑之必验。故视远若迩⑤，非道迩也，见明德也。是以兵革不动而威，用利不施而亲，此之谓明王之守，折冲千里之外者也。"

◇**注释**

①折冲：使敌人的战车后撤，即制敌取胜。冲，战车的一种。

②还师衽（rèn）席：指打胜仗后凯旋还师。衽席，朝堂宴享时设置的席位。

③悌：指敬爱兄长。

④有司：官吏。古代设官分职，各有专司，故称。

⑤迩（ěr）：距离近。

◇**译文**

孔子闲居，对弟子曾参说："从前，英明的帝王内修七教，外行三至。七教做到了，就可以使政权得以巩固；三至做到了，才可对外征伐。明主的防守，对千里之外的敌人都有冲击力；一旦率军出击，必将凯旋而归。"

曾子问："什么是'七教'啊？"

孔子说："居上位的人尊敬老人，臣民才会对老人更加遵守孝道；居上位的人重次列，臣民才会对年长的人更加敬爱；居上位的人乐善好施，臣民才会光明磊落；居上位的人亲近贤人，臣民才会选择有道德的人接交；居上位的人德行好，臣民就没有隐瞒；居上位的人厌恶贪婪，臣民才会耻于争名夺利；居上位的人提倡谦让，臣民才会有节操。这就叫七教。从前英明的君王治理天下，必划分土地封给诸侯，让他们分别有所归属，分别治理。然后让有关主管部门按月检查，按时考核，推荐贤德之人；辞掉不良之辈；同情抚恤鳏寡；抚养孤儿；救济贫穷；奖勉孝顺父母、敬重兄长的行为；选拔有才能的人。这七项工作做好了，四海之内就不会有犯法的人了。君王爱臣民如同手足对于心腹，臣民爱君王才会像幼儿爱慈母。君王守信如同一年四季一样准确无误，人民之守信才会如同寒暑一样灵验。所以君王能视远若近，并非是事物就在近处，而是因为英明的品德。所以兵革未动就显出威力，不施利害就使人关系亲近，这就是明君防守可以对'千里之外的敌人具有冲击力'的原因。"

◇原文

曾子曰："何谓'三至'？"

孔子曰："至礼不让，而天下治；至赏不费，而天下之士悦；至乐无声，而天下人和。"何则？昔者，明王必尽知天下良士之名。既知其名，又知其实；既知其实，然后因天下之爵以尊之。此谓"至礼不让而天下治"。因天下之禄，以富天下之士，此之谓"至赏不费而天下之士悦"。如此，则天下之明誉兴焉，此谓之

"至乐无声而天下之人和"。故仁者莫大于爱人，智者莫大于知贤，政者莫大于官能。有德之君修此三者，则四海之内供命而已矣。此之谓"折冲千里之外"。故曰：明王之征犹时雨之降，至则悦矣。此之谓"还师衽席之上"。

故扬雄[1]曰："六经[2]之理，贵于未乱；兵家之胜，贵于未战。"

此孔氏之术也。

◇注释

①扬雄：西汉时期著名辞赋家、思想家。

②六经：指《诗》《书》《礼》《易》《乐》《春秋》的合称。

◇译文

曾子又问："什么是'三至'呢？"

孔子说："最高的礼节是不谦让，就能使天下得到有效治理；最高的奖赏是不耗费财物，天下的士人也会感到高兴；最美的音乐没有声音，也能使百姓们和睦相处。"为何这样说呢？从前，圣明的君王知道天下所有名士的姓名。不但知道他们的名字，还知道其真实情况，然后依此把爵位授予他们，使他们得到百姓的尊敬。这就叫"至礼不让而天下治"。用俸禄使天下的士人得到富贵，这就叫"至赏不费而天下之士悦"。这样一来，天下人就会更为重视名誉并宣扬它，这就叫"至乐无声而天下之人和"。所以仁者的最高原则是爱人，智者的最高原则是知贤，执政者的最高原则就是善于使用官吏。有德之君如果能做好这三个方面，那么举国上下都会服从指挥命令，人人奋勇争先。这就是'对千里之外的敌人具有冲击力'的意思。所以说：明君的征伐犹如及时雨，降落到哪里，都会受百姓欢迎。这就叫"心安理得地凯旋而归"。

所以扬雄说："六经的道理，贵在社会尚未动乱就及时加以治理；军队还没有出动时就已经获得胜利。"

这就是孔子的治国之术。

◇原文

墨子曰："古之人未知为宫室，就陵阜①而居，穴而处，故圣王作为宫室。为宫室之法，高足以避润湿，边足以圉②风寒。宫墙之高，足以别男女之礼。谨此则止，不以为观乐也。故天下之人，财用可得而足也。当今之王为宫室，则与此异矣。必厚敛于百姓，以为宫室台榭曲直之望、青黄刻镂之饰。为宫室若此，故左右皆法而象之，是以其财不足以待凶饥、振孤寡，故国贫而民难理也。为宫室不可不节。古之人未知为衣服时，衣皮带茭，冬则不轻而暖，夏则不轻而清。圣王以为不中人之情，故圣人作诲妇人，以为人衣。为衣服之法，冬则练帛，足以为轻暖；夏则绤绤③，足以为轻清。谨此则止，非以荣耳目观愚人也。是以其人用俭约而易治，其君用财节而易赡也。当今之王，其为衣服则与此异矣，必厚敛于百姓，以为文采靡曼④之衣，铸金以为钩，珠玉以为佩。由此观之，其为衣服非为身体，皆为观好也。是以其人淫僻而难治，其君奢侈而难谏。夫以奢侈之君御淫僻之人，欲国无乱，不可得也。为衣服不可不节。"

此墨翟之术也。

◇注释

①陵阜：丘陵。

②圉（yǔ）：抵御；禁止。

③绨绤（chī xì）：葛布的统称，引申为葛服。

④靡曼：华美，华丽。

◇译文

墨子说："上古的人们不知道建造宫室，只是在丘陵之地的岩洞穴居，一直到了圣王时代，人们才开始建造宫室来居住。其办法是选择高地而躲避潮湿的地方，利用洼地来抵御风寒。宫墙的高度足以分隔内外，满足男女有别的礼仪就可以了。所以非常简陋，不足以观赏。因此，那时的人们都感到财用很充裕。现在的君王所建造的宫室，就与以前大不同了。他们通过向百姓横征暴敛，强夺民众的衣食之资用来营造宫室，亭台轩榭看起来非常壮观，还用各种颜色刻镂彩画，如此营造宫室，身边的人都模仿这种做法，结果导致财力匮乏，不足以抵御灾年的饥荒，无法振恤孤寡之人，因而使国家贫困并陷入百姓难以治理的窘境。所以说建造宫室不能不节俭。上古的人们不知道做衣服，他们穿着兽皮，挂草叶，冬天不轻便又不温暖，夏天不轻便又不清爽。圣王觉得这样不符合人情，所以开始教妇女做衣裳。制作衣服的方法是：冬天用丝制成棉衣，只求其轻便而温暖；夏天用葛布做纱衣，只求其轻便而凉爽。不过也是仅此而已，那时穿衣不是为了使自己美观，让他人观看的。所以，当时的人们生活节俭而易于管理，当时的君王生活简朴而容易奉养。现在国王的服饰可就不同了，他们对老百姓大加搜刮，用来制作华美飘逸的衣服，拿黄金做成衣带钩，拿美玉做成佩饰。由此看来，他们穿衣服不是为了身体需要，都是为了好看。因此民众邪僻而难以治理，国君奢侈而难以进谏。以奢侈腐化的君主来统治淫逸邪僻的臣民，不想国家混乱，也是不可能的。所以说，制作衣服不可不节俭。"

这就是墨家的治国之术。

◇原文

商子曰："法令者，人之命也，为治之本。一兔走，百人逐之，非以兔可分为百，由名分之未定也。夫卖兔满市，盗不敢取者，由名分之定也。故名分未定，虽尧舜禹汤，且皆加务而逐之；名分已定，则贫盗不敢取。故圣人之为法令也，置官也，置吏也，所以定分也。名分定则大诈贞信，巨盗愿悫①，而各自治也。"

◇注释

①愿悫（què）：老实，诚实。

◇译文

商鞅说："法令涉及百姓的安身立命，也是治理国家的根本。一只兔子在前面跑，其后有一百个人在追，不是一只兔子可分百份，而是这只兔子属于谁的名分还没有确定，谁都可能独自拥有。卖兔子的满街都是，盗贼不敢去拿，那是因为这些兔子属于谁的名分已定。所以名分未定时，即使是尧、舜、禹、汤这样的圣人都可能去追；名分已经确定，就是再穷的盗贼也不敢去拿。所以圣人制定法令，安置官吏，其实就是在确定名分。名分定了以后，就是骗子也会变得贞洁守信，大盗也会变得老实听话，他们会自觉地管好自己。"

◇原文

申子曰："君如身，臣如手。君设其本，臣操其末。为人君者，操契①以责其名。名者，天地之网，圣人之符。张天地之网，用圣人之符，则万物无所逃矣。动者摇，静者安，名自名也，事自定也。是以有道者因名而正之，随事而定之。昔者，尧之治天下也以名，其名正则天下治；桀之治天下也亦以名，其名倚而天下乱。是以圣人贵名之正也。"

◇注释

①契：法律条文。

◇译文

申不害说："君如身体，臣如双手。君主设置根本性问题，臣子来做具体事情。作为君主，要懂得拿法律条文来核查属下臣子，看看他们是否名实相符。名分，像大地的网，圣人之符。张网持符，天下万物就难以逃掉了。让该动的去动，让该静的去静，让诸事都有所归宿，整个国家就会得以安定了。因此，有道之君用名分来纠正不合名分的现象，依据事实来确定名分。从前，尧治理天下就是以名分来处理政务的，因为名分正，所以天下得到很好的治理；桀治理天下也用名分来处理政务，却因为名不正而导致天下大乱。所以，圣人很看重名分的正与不正。"

◇原文

李斯书曰："韩子称'慈母有败子，而严家无格虏'者，何也？则罚之加焉必也。故商君之法，刑弃灰于道者。夫弃灰，薄罪也，而被刑重罚也。夫轻罪且督深，而况有重罪乎？故人弗敢犯矣。今不务所以不犯，而事慈母之所以败子，则亦不察于圣人之论矣。"

此商鞅、申、韩之术也。

◇译文

李斯在给秦二世的书信中说："韩非说过'慈爱的母亲有败家的儿子，而严厉的家庭不会有刁滑凶悍的奴仆'这样的话，为什么这样说呢？原因在于必须实行了严厉的惩罚。所以商鞅变法时，对在路上倒垃圾的人都处以刑罚。在路上倒垃圾本是小罪，却予以重罚。轻罪都要重罚，更何况那些重罪呢？所以人们不敢犯法。现如今不设法使人不犯法，而去学慈母娇惯败家子的做法，这是没有理解圣贤的理论啊。"

这就是商鞅、申不害和韩非的法治之术。

◇原文

由是观之，故知治天下者，有王、霸焉，有黄、老焉，有孔、墨焉，有申、商焉，此所以异也，虽经纬殊致，救弊不同，然康济群生，皆有以矣。今议者或引长代之法，诘救弊之言；或引帝王之风，讥霸者之政，不论时变而务以饰说。故是非之论，纷然作矣。言伪而辩，顺非而泽，此罪人也。故君子禁之。

◇译文

由此来看，知道如何治天下的，有王、霸之道，有黄、老之术，有孔、墨思想，有申、商法家，他们之间不但有区别，而理论根源也大不同，纠正政制弊端的方式也各不同，然而他们都有振兴国家、普济众生的美好愿望。如今，有人或者引用施行比较悠久的制度，反驳今人救治弊病的变革观念；有的人以前代帝王的礼乐之风，讽刺成就霸业的政治措施，他们不考虑时代的变化，而用所谓的不变之法来为自己的学说辩护。因此，各种好与坏的意见纷纷出现。有些意见措辞虚伪，还要附会一些诡辩、荒谬的观点，把错的说成对的。凡此种种，这些人都是历史的罪人啊！因此，真正的君子会制止这些。

◇经商智慧

何永智的经营之道

在当下商业竞争激烈的情境下，无论做生意还是办企业，都要学会用一种顺势思维办事，要学会站在宏观的角度把握全局。顺势思维不是静态的认识问题的方式，而是随着市场需求的改变，做出相应变化。顺势就能赢得一个又一个机会，把握先机，与成功同行。

许多年前，重庆八一路"好吃街"上，一家叫"小天鹅"的火锅店悄然开张。这是个狭小、简陋的店铺，在重庆这个火锅盛行的城市，它的存在与消失不会引起太多人的注意。如果店主人的想法像大多数人一样，是想寻一个"安逸"，那个火锅店可能永远只有16平方米大小，只有三张桌子和三个伙计。但是，一个把自己结婚的新房卖掉来做生意的人，抱负有那么小吗？

火锅店的主人叫何永智，当时没有人能够想到，她会成为日后的火锅皇后。何永智把所有的精力都用在了火锅店经营上，但因为缺乏经验和特色，一个月下来，竟亏了钱。为了扭亏为盈，她就决定在火锅的口味和服务上下大力气，这就是她日后赖以生存的"变"的经商智慧的开端。

重庆火锅以辣著名，通常是，重庆本地人越辣吃得越过瘾，外地人却望辣生畏。何永智火锅店的回头客中，大部分也是重庆本地人，外地人少之又少。何永智陷入困境，为了改变这种局面，她决定改变。

"当时，我想能否在一口锅中放一半清汤一半红汤，在中间放一个挡板隔开。但是当我真正去做的时候，却非常失望。当锅中的汤被煮沸后，两种汤就会漫过挡板，清汤变成红汤，红汤又没了辣味。"

当时的"失败"对何永智来说并不会造成太大影响，她的火锅已广受顾客的喜爱，桌子不够的时候，有的人甚至会将啤酒箱翻过来当凳子坐。但何永智的心里却有一个大大的梦想，她想做大做强，而不是仅仅蜗居在一个十几平方米的小店里。就这样，她一直想着怎样才能将清汤和红汤分离。

一天晚上，她吃完饭后和丈夫到江边散步。远远望去，长江和嘉陵江在朝天门汇聚时，虽汹涌澎湃，难以抵挡，却始终不聚合，而江心有一太极似的水纹将两江隔开。何永智顿时大喜过望，这不正是一个大大的清汤和红汤吗？想到这些，她就马上回家试验，挡板变成了S形。汤在煮沸后果真不再满溢。为了让汤的味道更加鲜美，何永智又在清汤中加入枸杞和红枣等滋补品，在红汤中加入小葱进行点缀。一道本就味道鲜美的火锅更加色香味俱全，而何永智也给它起了个情韵十足的名字——"鸳鸯火锅"。

不久，"鸳鸯火锅"就在她诸多分店和连锁店中推广，生意更加火爆。她也因此获得了"火锅皇后"的美誉。之后，在自己更大面积的店铺中，为了迎合消费者的需求，何永智将店面打造成民族风情、欧式风情、南亚风情等不同的风格，歌舞演奏也引入店中，餐饮业成为一种娱乐消费。

很少有人将普通的餐饮行业打造得这么丰富多彩，与众不同。这个起家于一间16平方米的小火锅店也渐渐成为一个品牌，美国加州等地也开了分店。

但何永智注定是个不安分的人，她在火锅业耗了十多年的心血，终于成为行业的佼佼者。就在人们认为她可以享受的时候，她却调转了一下事业的船头：进军房地产。

2001年的一天，何永智亲自撰写了竞标重庆洪崖洞的竞标书。那是一本厚厚的书，封面是她小时候住过的吊脚楼。

在竞标当天，没有人看好这个外行竞标者。十一个竞争者中，除了何永智的"小天鹅"集团，其余的都是地产界的大腕。公司内部的董事会上，7人中也有5人反对。他们不明白，一个外行为什么要插入不熟悉的行业？但何永智知道自己这次"转身"的意义，这不仅可能是她事业的另一个制高点，更寄托了她儿时的梦想。

作为土生土长的重庆人，何永智从小喝长江水长大，很多亲人都住在吊脚楼里。这种造型别致的吊脚楼和优美的风景，让何永智难以忘怀。而现在，重庆市政府在洪崖洞的招标正中她下怀。她想把对巴蜀文化的热爱和对故乡的依恋植于这块土地，所以，面对诸多反对和不利局面，她也要试一下。何永智亲自写竞标书，亲自选材，亲自过问每个细节，她想通过自身努力让自己的这次"转身"华丽一点，而事实也是如此。重庆市政府看了何永智的竞标书后非常满意，小天鹅集团出人意料地一举中标。

为了使洪崖洞的改造达到尽量完美的程度，何永智遍览了中国古镇，最后在山西乔家大院找到了自己心仪的材料。耗时5年，投入3.6亿，何永智用尽全力去打造洪崖洞文化景观。当一个新的古建筑景观出现在人们面前的时候，之前反对过何永智的人也目瞪口呆。十几层楼的建筑，有现代的别致，也有古代的淡雅，有茶楼也有剧院。远观，真的像一座富丽堂皇的宫殿，有摄人心魄的魅力。

何永智的每一次改变都源于她顺势而进行的转变和突破。突破才有成长，顺势才能成功。如果思维停滞，满足于已有成绩，就无法获得前进的不竭动力，更容易被竞争对手赶超。如果能够用顺势思维谋发展，就能不断突破、不断改变、不断发展。

霸 图

◇题解

诸葛亮在《出师表》中说："亲贤臣，远小人，此先汉所以兴隆也;亲小人，远贤臣，此后汉所以倾颓也。"历史上，很多朝代的没落，往往都是栽在了"亲小人，远贤臣"上。本篇纵览秦汉以至周隋各封建王朝之兴废、帝王之更替，总结了历代兴衰存亡之教训，阐述了要善于广纳人才，也要在用人上审慎从事，要远离那些阿谀奉承的小人，任用德才兼备的贤人，这样才能保证基业长青。

◇原文

臣闻周有天下，其理三百余年。成、康之隆也，刑措四十余年而不用；及其衰也，亦三百余年。故五伯①更起。五伯者，常佐天子兴利除害，诛暴禁邪，匡正海内，以尊天子。五伯既没②，贤圣莫续，天子孤弱，号令不行，诸侯恣行，强凌弱，众暴寡。田常篡齐，六卿③分晋，并为战国，此人之始苦也。于是强国务攻，弱国务守，合纵连横，驰车毂击④，介胄⑤生虮虱⑥，人无所告诉。

◇注释

①五伯：指春秋时期的五个霸主。伯，通"霸"。

②没：通"殁"，死。

③六卿：指当时共同掌握晋国政权的韩、赵、魏、范、中行、

智六家。

④毂（gǔ）击：本是战国齐人令车交驰，以毂相击为乐的一种活动，后又指车子来往，其毂相击，形容战事激烈。毂，车轮中心的圆木，周围与车辐的一端相接，中有圆孔，可以插轴。

⑤介胄（zhòu）：铠甲和头盔。

⑥虮虱：虱及其卵。

◇译文

我听说周朝统治天下，太平无事的时间有三百多年。周成王、周康王隆盛之际，刑罚搁置四十多年不被使用；而周王朝逐渐衰微的时间，也是三百多年。因此有春秋五霸相继兴起。这些霸主常常辅佐天子兴利除害，诛除暴虐的诸侯，禁止邪恶之事，扶正天下秩序，使天子仍享以尊崇。五霸去世后，如他们般的圣贤之人没有继续出现，天子于是孤弱起来，其号令施行亦不畅通，诸侯恣意妄为，以强凌弱，以众欺寡。田常篡夺了齐国的大权；韩、赵、魏、范、中行、智六家把持晋国朝政，最后韩、赵、魏三家瓜分晋国并成为战国时的诸侯国，这是百姓遭难的开始。当此之际，强国致力攻打弱国，弱国忙于严守，谋士倡合纵、连横之术，各国军队战乱纷起，士兵的铠甲、头盔长满了虱子，百姓的冤苦无处诉说。

◇原文

及至秦蚕食天下，并吞战国，一海内之政，坏诸侯之城，法严政峻，谄谀者众。使蒙恬将兵北攻胡，尉他①将卒以戍越，宿兵②无用之地，人不聊生。始皇崩，天下大叛，陈胜、吴广举于陈，武臣、张耳举于赵，项梁举吴，田儋举齐，景驹举郢，周市举魏，韩广举燕。穷山通谷，豪杰并起，而亡秦族矣。

◇**注释**

①尉他：即赵佗。秦朝将领，后在秦末大乱时，割据岭南，建立南越国。

②宿兵：驻扎军队。

◇**译文**

等到秦国蚕食天下，逐步并吞六国，统一四海政权，各诸侯的城池都遭到拆除。秦律法严酷，政治残暴，以致阿谀谄媚之徒众多。秦始皇派大将蒙恬率兵北击匈奴，派大将尉佗带军戍守越地，驻兵于荒僻无用之地，（耗费大量资财以致）民不聊生。秦始皇驾崩后，天下大乱，叛军蜂起，陈胜、吴广在陈地起义，武臣、张耳在赵地起义，项梁在吴地举兵，田儋在齐地举兵，景驹在郢地举兵，周市在魏地举兵，韩广在燕地举兵。天下各地，豪杰纷起，最终灭掉了秦朝。

◇**原文**

汉高祖名邦，字季，姓刘氏，沛国丰邑①人，为泗上之亭长②。秦二世元年，陈胜等起，胜自立为楚王。沛人杀其令，立高祖为沛公。时项梁止薛③，沛公往从之，共立义帝④。约曰："先入咸阳者王之。"

◇注释

①丰邑：今江苏省徐州市丰县。

②泗上之亭长：即泗水亭长，泗水亭在今江苏省徐州市沛县东。

③薛：古薛国，今山东枣庄市薛城区。

④义帝：此指楚怀王之孙。

◇译文

汉高祖姓刘名邦，字季，沛国丰邑人，早年担任泗水亭长之职。秦二世元年，陈胜等人起义，陈胜自立为楚王。沛地人杀掉他们的县令，拥立刘邦为沛公。此时项梁驻军薛地，刘邦跟随他，各路豪杰共同拥立楚怀王孙子为义帝。并且约定："先攻打进咸阳的，就称王关中。"

◇原文

秦将章邯^①大败项梁于定陶，梁死，章邯以为楚不足忧，乃北伐赵。楚使项羽等救赵，遣沛公别将^②西入关。沛公遂攻宛^③，降之。攻武关^④，大破秦军。入咸阳，与秦人约法三章。遣兵拒关，欲王关中。是时，项羽破秦军于河北，率诸侯兵四十万至鸿门^⑤，欲击沛公。沛公因项伯^⑥自解于羽。羽遂杀子婴而东都彭城^⑦，立沛公为汉王，王巴、汉。于是用韩信策，乃东伐，还定三秦^⑧。田荣怨项王之不己立，杀田市，自立为齐王。羽北击灭齐，而使九江王杀义帝于郴^⑨。汉王为之缟素发丧，临三日，以告诸侯。

◇注释

①章邯：秦末上将军。

②别将：秦汉时期，军中别部之统领官，也就是配合主力军作战的部队将领。

③宛：古时楚国地名，今河南省南阳市。

④武关：战国秦置，今陕西省商洛市丹凤县东武关河的北岸。

⑤鸿门：今陕西省西安市临潼区城东约五公里的新丰镇鸿门堡村，即千古流传的"鸿门宴"故事发生地。

⑥项伯：战国末期的楚国贵族，项羽最小的叔父。

⑦彭城：即今江苏省徐州市。

⑧三秦：关中一带在春秋战国时为秦国发源地。刘邦建立汉朝后，关中被分为三个郡：京兆、左冯翊、右扶风。现将中国陕西的陕南、陕北、关中并称"三秦"。

⑨郴（chēn）：今湖南省郴州市，因依郴江而名。

◇译文

秦将章邯在定陶大败项梁的军队，项梁战死，章邯认为楚军不值得忧虑，于是转而北攻赵地。楚王派项羽等率军解赵地之围，派沛公刘邦为别将向西攻入关中地区。刘邦于是攻打宛城，宛城守将投降。攻打武关，大败秦军。刘邦就此攻入咸阳，与秦地百姓约法三章。同时派兵拒守武关，想要在关中称王。而此时，项羽在黄河北大败秦军，率各诸侯士兵四十万到达鸿门，想要攻打刘邦军队。刘邦由于项伯相救，得以逃脱。项羽后来杀掉子婴，而向东定都彭城，封刘邦为汉王，统治巴、蜀之地。于是刘邦用韩信的计策，向东进攻，再次安定三秦之地。齐地的田荣怨恨项羽不立自己为王，于是杀掉田市，自立为齐王。项羽率军北击灭齐，并派遣九江王英布在郴地杀死了义帝。刘邦却为义帝披麻戴孝，大办丧事，哀痛哭吊三天后，把此事遍告天下诸侯。

◇原文

汉王因项羽之击齐，率诸侯之师五十六万东袭楚，破彭城。羽闻之，留其将击齐，自以精兵三万归击汉。汉王与羽大战彭城下，汉王不利，出梁地[1]，至虞[2]，谓左右曰："孰能为使淮南王黥布[3]，令发兵背楚，留项王于齐数月，我之取天下可以万全。"随何[4]乃使淮南，说布背楚。

◇注释

①梁地：指旧魏国的地方。都城大梁，故名梁地。今河南开封一带。

②虞：今山西省平陆县东北。

③黥（qíng）布：本名英布，秦朝末期农民起义领袖之一。投靠项羽时，为西楚名将，后归附刘邦，被封为九江王，最后因谋反罪被杀。

④随何：西汉初年人，汉高祖军中主管传达禀报的人。灭楚后，汉高祖贬低他的功劳，他用分析推理的手段为自己辩护，官至护军中尉。

◇译文

刘邦趁项羽去攻打齐王田荣的机会，率各地诸侯的军队五十六万向东偷袭楚国，攻破彭城。项羽听到这个消息，留下自己的属将攻打齐王，自己率领三万精兵回师攻打刘邦军队。刘邦与项羽在彭城下展开大战，汉军失利，奔出梁地，退到虞地，刘邦问身边大臣："谁能出使淮南，劝说淮南王英布举兵背叛项羽，使其军队留在齐地几个月，然后我夺取天下就不会再有危险了。"大臣随何于是请命出使，成功劝说英布背叛楚王项羽。

◇原文

汉王如荥阳①，使韩信击魏王豹，虏之。汉遂与楚相拒于荥阳。楚围汉王，用陈平计，间得出。入关收兵，欲复东。

辕生说汉王出军宛、叶②，引项王南渡，使韩信等得集河北。羽果引兵南渡，如其策。韩信与张耳以兵数万，东下井陉③击赵，破之。乃报汉，因请立张耳为赵王，以镇抚其国。汉王从之。

◇注释

①荥（xíng）阳：今河南省荥阳市。

②叶：春秋时楚地，故城在今河南省平顶山市叶县南。

③井陉：即井陉关，古九塞之一，今河北省石家庄市井陉县北井陉山。

◇译文

刘邦到了荥阳，派韩信攻打魏王豹，俘虏了魏王。汉军与楚军在荥阳相持。楚军包围汉军，刘邦采用陈平的计策，得以解围。刘邦回到关中召集士兵，想要再次东征。

辕生劝说汉王发兵宛、叶，吸引项王军队南渡黄河，以使韩信等人有机会聚兵黄河北来攻打项王。如此行动后，项羽果然领军南渡了，像辕生所谋划的那样。韩信和张耳领兵数万，东下井陉攻打赵地，取胜。于是报告汉王，请求立张耳为赵王，以便安抚赵地。刘邦答应了。

◇原文

十二月，汉王拒楚于成皋①，享师，欲复战。郎中郑忠说曰："王高垒深壁，勿与战，使刘贾②佐彭越入楚地，焚其积聚，破楚师必矣。"项羽乃东击彭越，留曹咎③守成皋。时汉数困荥阳、成皋，计欲捐成皋以东，屯巩、洛④以距楚。用郦生⑤计，复守成皋。羽初东，嘱曹咎曰："汉即挑战，慎勿与战，勿令汉得东而已。"咎乃出战，死，汉王遂进兵取成皋。羽闻咎破，乃还军广武⑥间⑦，为高坛，置太公于其上。汉王遣侯公说羽，求太公。羽乃与汉约：中分天下，割鸿沟⑧以西为汉，以东为楚。归汉王父母及吕氏。

◇注释

①成皋：又名虎牢，本古东虢国，为历代军事重地。楚汉亦相持于此。今河南省荥阳市成皋县西北有成皋故城。

②刘贾：与汉高祖刘邦同为一族。楚汉战争时著名将领，西汉开国功臣。与韩信、英布并称为汉初三大名将，后因被告发谋反，为刘邦所杀。

③曹咎：楚汉时期项羽手下大臣。官至大司马，封海春侯。

④巩、洛：皆地名，在今河南洛阳、巩义一带。

⑤郦生：即郦食其。秦末汉初人，谋士。他以其三寸不烂之舌游说列国，为刘邦的统一大业做了重大贡献。

⑥广武：古城在今河南荥阳东北广武山上，有东西二城，中隔一涧。为刘邦、项羽对峙处。

⑦间：同“涧”。

⑧鸿沟：古代运河，在今河南省荥阳市，楚汉相争时是两军对峙的临时分界。

◇译文

汉高祖四年十二月，汉王在成皋与楚军相持不下，犒饷将士之后，想继续作战。郎中郑忠进谏说：“大王您加固军垒，不要作战，派刘贾帮助彭越进入楚军腹地，焚烧他们的粮草，那样一定能大破楚军。”项羽此时向东攻彭越，留下曹咎把守成皋。当时，汉军多次被困荥阳、成皋，正打算放弃成皋向东进发，驻扎巩、洛之间抵抗楚军。由于采用郦生的计策，又得以据守成皋。项羽向东进军之初，嘱咐曹咎说：“汉军来挑战，千万不要出战，不要让汉军向东进攻就行了。”曹咎没听项羽的话，领军出战身死，刘邦于是进兵成皋。项羽得知曹咎战败，于是回军广武，建一座高坛，把刘邦父亲太公放在上面进行威胁。刘邦派侯公游说项羽，请求要回太公。于是项羽与刘邦定立盟约：平分天下，划鸿沟以西归汉王刘邦，以东归楚王项羽。这才放回汉王的父母及妻子吕氏。

◇原文

项王解而东。汉王欲西，张良曰："今汉有天下太半，而诸侯皆附，楚兵疲，食尽，此天亡楚之时，不如因其东而取之。"汉王乃追羽，与齐王韩信、魏相彭越期会[1]击楚，皆不会。用张良计，信等皆引兵围羽垓下[2]，遂灭项氏。都洛阳。用娄敬[3]策，徙都长安。

◇注释

①期会：表期限，约期聚集。

②垓下：今安徽省灵璧县东南。

③娄敬：汉高祖重要谋士之一。

◇译文

楚汉议和，项羽罢兵东归。刘邦准备带兵向西进发，张良说："现在汉王您拥有天下大半的土地，诸侯也都归附，而楚兵疲惫，粮食尽绝，这是上天要灭亡楚国的大好机会，不如趁楚军东归而攻取其地。"刘邦于是追击项羽的军队，与齐王韩信、魏相彭越约定合力攻击楚军的日期，可二人都没有按期会合。刘邦后来采用张良的计策，催使韩信等人发兵，把项羽围在垓下，于是灭掉了项羽。定都洛阳。后又采用娄敬的计策，迁都长安。

◇原文

有告楚王韩信反，用陈平计擒之，废为淮阴侯。陈豨①为代相，与朝信、王黄等反，豨自立为代王。上自往破之。尉他王南越反，高祖使陆贾赐尉他印绶，为南越王，令称臣，奉汉约。

◇注释

①陈豨（xī）：秦汉之际汉王刘邦部将，汉高祖七年封列侯。

◇译文

有人报告楚王韩信谋反，汉高祖采用陈平的计策擒获韩信，废黜其为淮阴侯。陈豨为代地的相国，与韩信、王黄等人谋反，陈豨自立为代王。汉高祖亲自带兵出征破击。尉佗在南越称王谋反，汉高祖派陆贾赏赐给他印绶，封其为南越王，命令他向汉朝称臣，服从汉朝的约束。

◇原文

隋高祖，姓杨氏，名坚，周武帝初为隋州刺史，女为太子妃。周宣帝立，拜为大司马。宣帝崩，立靖帝，进爵为隋王。遂禅位焉，改号开皇元年。九年，平陈，废太子勇为庶人，立晋王广为皇太子。高祖崩，太子即位。

炀帝无道，盗贼蜂起。十三年，幸江都①，李密设坛于巩，自署为魏公。梁师都据夏州，刘武周杀太原留守王恭，举兵反。窦建德自号夏王，朱粲自号楚王，刘元进据吴都。炀帝闻群贼起，大惧，

使冯慈明征兵东都，诏唐国公讳②镇太原。五月甲子，唐公举义兵，遥尊炀帝为太上皇，立代王侑为天子，行伊、霍故事③。传檄天下，闻之响应。

◇注释

①江都：在今江苏省扬州西南。

②唐国公讳：唐国公李渊，为唐朝开国皇帝。本书作者为唐代人，不能写李渊之名，所以用讳代指。

③伊、霍故事：伊尹为商汤的大臣。商汤孙子太甲继位后，一味享乐，暴虐百姓，伊尹虽百般规劝，他都听不进去，伊尹只好将他放逐到桐宫。霍光是汉昭帝大臣。昭帝死后，立邑王刘贺为帝，因为他胡作非为，而被霍光等废掉，立宣帝。

◇译文

隋高祖，姓杨，名坚，在周武帝初年当过隋州刺史，他女儿是太子的妃子。周宣帝当上皇帝后，封他为大司马。宣帝死后，周靖帝即位，杨坚被封为隋王。后来周靖帝被迫"禅让"于他，他改年号为开皇元年。开皇九年，杨坚灭掉了陈国，把太子杨勇废为普通百姓，把晋王杨广立为太子。杨坚死后，太子杨广即位做了皇帝（隋炀帝）。

隋炀帝昏庸无道，导致天下盗贼纷纷兴起。大业十三年，隋炀帝巡视江都，李密在巩这个地方建立高坛，封自己为魏公。梁师都割据夏州；刘武周杀死太原留守王恭，发兵起义。窦建德自封为夏王，朱粲自封为楚王，刘元进割据吴都。隋炀帝听说这么多人反叛，十分害怕，让冯慈明到洛阳去招募士兵，颁布诏书让唐国公李渊镇守太原。大业十三年五月甲子，李渊率部起义，遥尊杨广为"太上皇"，拥戴代王杨侑为皇帝，效仿伊尹和霍光废黜昏君的做法。然后向天下发布檄文，听说这件事的人纷纷起来响应。

◇原文

秋七月，唐公将西图长安，仗白旗，誓众于太原之野，被甲三万。留公子元吉守太原。义师次霍邑，隋武牙郎将宋老生拒义师。时连雨不霁，粮运不给，又讹言突厥将袭太原。唐公惧，命旋师，用秦王谏乃止。老生背城而阵，一战斩之，平霍邑。冬十月，义师次长乐宫。卫文升挟代王乘城拒守。十一月，平京师，尊代王为天子，改元义宁。时炀帝将之丹阳，而大臣将卒皆北人，不愿南迁，咸思归。宇文化及因百姓之不堪命，杀炀帝于江都，隋室王侯无少长，皆斩之。立嗣王浩为天子，化及为丞相。

◇译文

大业十三年秋天七月，唐国公李渊想向西进攻长安，在太原郊外的原野上打着白旗在军前誓师，当时披挂甲胄的军队有三万人。公子李元吉留卫太原。起义军队驻扎在霍邑，隋朝的武牙郎将宋老生率军抵抗起义军。当时秋雨连绵，多日不晴，军队的粮食供给没有保障，又有人谣传说突厥的军队将要袭击太原。李渊很害怕，想带领军队返回太原，因为听了秦王李世民的劝说才没有这样做。宋老生拼死与李渊的起义军作战，最终被打败，起义军攻克了霍邑。大业十三年冬季十月，起义军进驻到长乐宫。卫文升控制着代王杨侑，坚守长安不投降。十一月，起义军终于攻克长安，李渊仍然让代王杨侑为皇帝，改年号为义宁。这时隋炀帝想去丹阳，而大臣和将士都是北方人，不愿意去南方，都想再回北方。宇文化及看到老百姓实在没法活下去了，就在江都杀死了隋炀帝，隋朝王室的王侯不论老小，都同时被杀死。宇文化及立太子杨浩为皇帝，自己做丞相。

◇原文

五月①戊午，天子侑逊位于别宫，禅位于唐，都长安。己巳，王世充②、段达③等立越王侗为皇帝于洛阳。六月，宇文化及④自江都至彭城，据黎阳⑤，称许。李密率大军壁清淇。敦煌张守一闻密之拒化及也，说越王以讨。越王不用其策，用孟琮计，与密连和。李密无东都之虑，尽锐攻化及，破之。密自败化及，益以骄傲。越王命王世充击密。密不用祖君彦计，密师败绩。遂西奔京师，寻谋叛，杀之。

大唐武德二年，王世充杀越王侗于洛阳，僭称尊号，隋氏灭矣。

◇注释

①五月：此时为隋恭帝（杨侑）义宁二年（618年），也即唐高祖（李渊）武德元年。

②王世充：本姓支，西域胡人。隋朝末年起兵群雄之一。

③段达：隋朝武将。

④宇文化及：人名，复姓宇文。隋末叛军首领。

⑤黎阳：河南省浚县的古称。西汉高祖时置县，称黎阳县，北魏时期改黎阳县为黎阳郡。自古以来为兵家重地。

◇译文

（义宁二年）五月戊午日，杨侑把帝位禅让给李渊，唐朝正式建立，定都长安。己巳日这天，王世充、段达等人在洛阳立越王杨侗为皇帝。六月，宇文化及从江都进军到彭城，占领黎阳，建号"许"。李密率领大军在清淇这个地方筑垒固守。郭煌张守一听说李密抵抗宇文化及，就劝说越王讨伐李密。越王没有听从，而采纳了孟琮的计策，和李密联合起来。李密没有了东顾之忧，动用全部精锐部队攻打宇文化及，并最终打败了他。李密打败宇文化及之后，更加骄傲。越王派王世充攻打李密。李密因不采纳祖君彦的计策而被打得大败。于是向西逃往长安投奔李渊，他不久因背叛，被李渊所杀。

唐朝武德二年，王世充在洛阳杀死越王杨侗，自立为皇帝，隋朝至此灭亡了。

◇原文

论曰：干宝①称："帝王之兴，必俟天命，苟有代谢，非人事也。尧、舜内禅，体文德也；汉、魏外禅，顺大名也；汤、武革命，应天人也；高、光争伐，定功业也。各因其运而得天下。随时之义大矣哉。"

范晔曰："自古丧大业、绝宗禋②，其所以致削弱祸败者，盖渐有由矣。三代以嬖色取祸，嬴氏以奢虐致灾，西京自外戚失祚，东都缘阉尹③倾国。成败之来，先史商之久矣。"

自秦、汉迄于周、隋，观其兴亡，虽亦有数，然大抵得之者，皆因得贤豪，为人兴利除害；其失之也，莫不因任用群小，奢汰④无度。

孔子曰："以约失之者鲜矣。"又曰："远佞人，去僻恶。"有旨哉！

◇注释

①干宝：东晋文学家、史学家。其志怪小说《搜神记》，被称作中国小说的鼻祖。

②宗禋（yīn）：对祖宗的祭祀。

③阉尹：管领太监的官。

④汰：骄奢，过分。

◇译文

评论说：干宝说过："古代帝王的兴起，一定要等待天命的安排，这期间如果有更替变化，也并非人的力量所能掌控。尧、舜的时候把帝位传给内定的继承人，是为了体现其讲求道德的政治；汉、魏的时候把帝位传给外姓的继承人，是为了顺应时势；商汤、周武王革除夏桀、商纣，是顺应上天和百姓的要求；汉高祖和汉光武帝的讨伐战争，是为了确立自己的功勋和业绩。这些人都是顺应天运而获得天下的。（所以）根据时势而变化的意义真是太重要了！"

范晔说："自古以来，凡丧失帝王基业、断绝宗庙祭祀的皇帝，之所以导致衰败灭亡的命运，都是有原因的：夏、商和周三代，都是因为宠溺女色而自取其祸；秦朝是因为政治奢靡和暴虐导致灾患；西汉是因为外戚干政而遭到灭亡；东汉是因为宦官专权而覆国。成功和失败的原因，古代的史官已经研究讨论了好长时间了。"

从秦、汉到周、隋，考察其兴盛和灭亡的原因，虽然有天命的原因，但那些帝王之所以得天下，大概都是因为得到贤士豪杰的辅助，为人民争取利益免除祸害；而那些丧失帝王位置的人，无不是因为任用大量的奸邪小人管理朝政，再加上自身奢侈无度、劳民伤财而造成的。

孔子说："因为约束自己而失掉天下的君王很少啊。"又说："远离阿谀逢迎的小人，去掉自身的邪僻缺点。"这话说得有深意啊！

◇用人智慧

齐桓公的悲惨结局

孟子说过，"生于忧患，死于安乐。"也就是说，忧患使人生存，安逸享乐足以使人败亡。齐桓公，姜姓，名小白。最初心怀雄才伟略，选贤任能，加强武备，发展生产，并号召"尊王攘夷"，多次会盟诸侯，成为春秋五霸之首。

成就霸业后的齐桓公"近小人、远贤臣"，并且恣意放纵七情六欲，结果在声色犬马中一命呜呼，只可叹一代霸主，最后竟落得死时无人为之收尸的下场。

齐桓公是把齐国霸业推向顶峰的主角人物。他曾毫不隐瞒地向管仲说："寡人不幸而好田，又好色，得毋害于霸乎？"作为一国之君，爱好打猎虽然可能会因此荒于政事，但还不是太要紧。而好色，却是成就伟业的大忌。但既然他自己承认好色的不幸，也难得一份坦诚了。

齐桓公夺得王位，将政事交付管仲后，便放心过自己风花雪月、猎鹿逐马的逍遥生活了。他先后有九个正式夫人，婢妾无以计数，每次出征，总要随带姬嫔以供娱乐。除此之外，齐桓公还好吃，人性的七情六欲在他身上表现得淋漓尽致。

晚年的齐桓公欲望不减当年，他自谓功高无比，广建宫室，务求壮丽，一切乘舆服饰攀比周王，以追求舒适快乐。他生活上这类骄奢淫逸的习气，一直对他的事业构成潜在危害，只是由于他用人方式的成功和管仲治政上的雄才，才侥幸避免了这一危害的显现。管仲临终前，不放心齐桓公，把辅佐这个任性国君的任务交给了宁戚、隰朋，并明确告诫齐桓公，日后不可亲近雍巫等人，认为这些人虽然能给人带来快乐，但潜伏着极大的祸害，"譬之于水，臣为之堤防焉，勿令泛滥。今堤防去矣，将有横流之患，君必远之。"

管仲死后，齐桓公遵照管仲的遗言，赶走了雍巫等人。但被专门迎合人心的小人们奉承惯了的齐桓公，此时却寂寞难耐，总觉得身边的侍者不够贴心，以至于吃饭睡觉都毫无精神，更不用说处理政事了。于是他拒绝听从宁戚、隰朋等人的意见，召回雍巫等人加以任用，他的悲剧至此也就上演了。

宁戚、隰朋相继去世后，情况立即发生了变化，曾经献过人肉的雍巫、为齐桓公自残其身的竖刁等人欺负齐桓公老迈，把政专权，肆无忌惮。齐桓公几个同父异母的儿子更是各恃母宠，谋权夺位，在雍、竖一群奸佞之人的搅动下，终于导致了齐国的大内乱。

齐桓公生病后，雍巫不想给他医治，假传齐桓公之命，不许任何人入宫相见。齐桓公独卧病床，饮食俱无，后来知道是雍巫等作乱，悔恨而死。因几个儿子率兵争位，齐桓公的尸体在死后六十七天方才收殓入棺，其时皮肉皆腐，蛆虫已经钻到骨头里了。齐桓公死后，齐国四十年的巍巍霸业一去不复返。

齐桓公的悲剧收场，离不开他的恣意放纵，离不开他的骄奢淫逸，更离不开他与小人为伍的糊涂之举。结果，管仲等人一死，奸佞小人抓住他的弱点，都一哄而上，这位昔日威风凛凛、声色犬马的霸君便招架不住了，以至于死后竟没人收尸，辛辛苦苦创立的霸业也随着他的一命呜呼而灰飞烟灭了。

亲小人，远贤臣，到最后赔进的不只是事业，甚至可能是生命。齐桓公的大度和坦诚使他招来了管仲、鲍叔牙等人才，最终成就了霸业。可惜的是，他的享乐和欲望，也招来了十恶不赦的谗佞小人，竟令自己为此命丧黄泉。倘若人死有知，不知道齐桓公九泉之下该如何向管仲交待。

惧 戒

◇题解

惧戒，就是心存敬畏，保持警戒。本篇总结历史经验，认为天下不是某一个人的，而是天下人共同的，统治者应该居安思危、谨慎小心，否则就可能会国破身亡，被他人所取代。篇中列举了历史上的许多相关事例来说明这一道理，并特别指出君王心中常思警戒，实际上是为自己谋取福祉。

◇原文

《易》曰："汤、武革命，顺乎天而应乎人。"《书》曰："抚我则后，虐我则仇。"《尸子》曰："昔周公反①政，孔子非之，曰：'周公其不圣乎！以天下让，不为兆人②也。'"董生曰："虽有继体守文之君，不害圣人之受命。"古语曰："穷鼠啮（niè）狸，匹夫奔万乘③。"故黄石公曰："君不可以无德，无德则臣叛。"孙卿曰："能除患则为福，不能则为贼。"何以明之？

◇注释

①反：通"返"，归还。

②兆人：即兆民。古称天子之民，后泛指众民、百姓。

③万乘：周制，天子地方千里，能出兵车万乘，因以"万乘"指天子。

◇译文

《周易》说："商汤、周武王的革命，既顺承天意也适应百姓的要求。"《尚书》说："安抚关爱我的，我就把他当作君王；残害虐待我的，我就把他看作仇敌。"《尸子》说："从前周公将统治权返还给周成王，孔子认为不对，说：'周公并不是真正的圣贤呀！把治理天下的权利让给周成王，是没有为百姓着想。'"董仲舒说："即使有继位遵守成法的君主，也不妨碍圣人接受天命（而取代他）。"古语说："老鼠逼急了会咬猫，普通百姓走投无路时就会造反。"所以黄石公说："君主不可以没有德行，没有德行的君主，臣子就会背叛他。"荀子说："能免除祸患就是福气，不能免除祸患就会受到伤害。"用什么来证明呢？

◇原文

楚恭王①薨，子灵王即位。群公子因群丧职之族，杀灵王而立子干。立未定，弟弃疾又杀子干而自立。

初，子干之入也，韩宣子②问于叔向③曰："子干其济乎？"对曰："难。"宣子曰："同恶相求，如市贾焉，何难？"对曰："无与同好，谁与同恶？取国有五难：有宠而无人，一也；有人而无主，二也；有主而无谋，三也；有谋而无民，四也；有民而无德，五也。子干在晋十三年矣，晋、楚之从，不闻达者，可谓无人；族尽亲叛，可谓无主；无衅④而动，可谓无谋；为羁终世，可谓无人；亡无爱征，可谓无德。王虐而不忌，楚君子干涉五难以杀旧君，谁能济之？有楚国者，其弃疾乎？君陈⑤、蔡⑥，城外属焉。

苟慝[7]不作，盗贼伏隐，私欲不违，民无怨心。先神命之，国人信之。芈姓有乱，必季实立，楚之常也。获神，一也；有民，二也；命德，三也；宠贵，四也；居常，五也。有五利以去五难，谁能害之？子干之官，则右尹也；数其贵宠，则庶子也；以神所命，则又远之。其贵亡矣，其宠弃矣，民无怀焉，国无与焉，将何以立？"

宣子曰："齐桓、晋文不亦是乎？"对曰："齐桓，卫姬之子也，有宠于僖，有鲍叔牙、宾须无、隰朋以为辅佐，有莒、卫以为外主，有国、高[8]以为内主；从善如流，下善齐肃，不藏贿，不从欲，施舍不倦，求善不厌。以是有国，不亦宜乎？我先君文公，狐季姬之子也，有宠于献公。好学不贰，生十七年，有士五人。有先大夫子余、子犯以为腹心，有魏犨[9]、贾他以为股肱，有齐、宋、秦、楚以为外主，有栾、郤、狐、先[10]以为内主。亡十九年，守志弥笃。惠、怀弃民，从而与之，献无异亲，民无异望。天方相晋，将何以代之？此二君者，异于子干。恭有宠子，国有奥主，子干无施于民，无援于外。去晋，晋不送；归楚，楚不迎，何以冀国？"子干果不终卒。立弃疾，如叔向言。

◇**注释**

①楚恭王：芈姓，熊氏，名审，楚庄王之子，春秋时期楚国国君。

②韩宣子：即韩起，春秋时期晋国卿大夫，六卿之一。

③叔向：即羊舌肸（xī），复姓羊舌，名肸。春秋时期晋国政治家。

④衅：嫌隙、裂缝；罪过。

⑤陈：周代诸侯国名，在今河南省淮阳县一带。

⑥蔡：周代诸侯国名，在今河南省上蔡县、新蔡县一带。

⑦苛慝（tè）：暴虐邪恶。

⑧国、高：指国子和高子，都是齐国的上卿。

⑨魏犨（chōu）：魏武子。春秋时期晋国大夫，以勇力闻世。

⑩栾、郤、狐、先：指晋国的四位大臣栾枝、郤縠（xì hú）、狐突、先轸。

◇译文

楚恭王死后，次子灵王继位。恭王其他的儿子依靠丧失职位的人的亲族，杀害了灵王，并立子干（楚恭王的三子）为国君。子干继承王位还未坐稳，弟弟弃疾又杀了他并自立为国君。

起初，子干回到楚国争夺王位，韩宣子问叔向，说："子干能成功吗？"叔向回答说："很难。"韩宣子说："人们有共同的憎恶就会有相互的需求，就像商人一样，有什么难的？"叔向回答说："人没有共同的喜好，又怎么会有共同的憎恶？得到国家有五难：有了国君的宠爱而没有贤人辅佐，这是一；有了贤人辅佐而没有人主事，这是二；有了人主事而没有谋略，这是三；有了谋略而没有百姓的支持，这是四；有了百姓的支持而没有德行，这是五。子干在晋国已有十三年了，晋国、楚国追随他的人，没有知名之士，可以说没有贤人；族人被灭，亲人叛离，可以说没有主事之人；没有事端而轻举妄动，可以说没有谋略；长期在外逃亡，可以说没有民众；在外逃亡却没有人怀念他，可以说没有德行。楚王暴虐而无道，可以说是自取灭亡。子干涉及这五条难处却又杀死旧君，谁又能帮助他呢？拥有楚国的人，恐怕是弃疾吧？他统治着陈、蔡两地，城以外也属于他。这些地方没有发生邪恶事端，没有盗贼作乱，纵有私欲而不违背礼义，因此百姓没有怨恨之心。神灵保佑他，国内的百姓信任他。芈姓发生动乱，必然就是小儿子被立为国君，这在楚国是常例。获得了神灵的佑护，这是其一；有百姓的支持，这是其二；有美好的德行，这是其三；受宠而显贵，这是其四；年纪最小合于常例，这是其五。弃疾拥有这五个有利优势，以此来除掉有五难的子干，谁能伤害到他呢？子干的官职只是右尹；他的出身也不过是庶子；论起神灵任命，他又离得很远。他的显贵没有了，他的宠信丢掉了，百姓没有怀念他的，国内没有支持他的，他将依靠什么立为国君呢？"

韩宣子说："齐桓公、晋文公不也是这样吗？"叔向回答说："齐桓公，是卫姬的儿子，很受父亲齐僖公的宠爱，有鲍叔牙、宾须无、隰朋等能臣的辅佐；有莒国、卫国作为外援支持，有国子、高子作为内应；再加上他从善如流，行动迅速，不贪恋财货，不放纵私欲，施舍没有疲倦，求善没有厌烦。齐桓公因此而享有国家，不是理所当然的吗？我们的先君晋文公，是狐季姬的儿子，受到父亲晋献公的宠爱。他爱学习而不倦怠，十七岁时，就拥有了五位贤能之士。有先大夫子余、子犯作为心腹，有魏犨、贾他作为臂膀，有齐国、宋国、秦国、楚国作为外援支持，有栾枝、郤縠、狐突、先轸作为内应。逃亡在外十九年，意志更加专一。晋惠公、晋怀公抛弃了百姓，百姓们都追随晋文公。献公没有其他亲人，百姓没有别的期望。上天是在佑护晋国，有谁能代替晋文公呢？齐桓公、晋文公这两位国君，和子干完全不同。恭王还有受宠的儿子，国内还有高深莫测的弃疾，子干对百姓没有施与，在外没有其他国家援助。离开晋国，晋国人没有人送行；回到楚国，楚国没有人迎接，凭什么希冀享有楚国呢？"子干果然没有善终而死。百姓最后拥立弃疾为国君，正像叔向所说的那样。

◇原文

鲁昭公薨于乾侯①。赵简子②问于史墨③曰："季氏出其君而民服焉，诸侯与之。君死于外而莫之或罪，何也？"对曰："物生有两、有三、有五、有陪贰④，故天有三辰⑤，地有五行，体有左右，各有妃耦⑥。王有公，诸侯有卿，皆其贰也。天生季氏，以贰鲁侯，为日久矣。民之服焉，不亦宜乎？鲁君世纵其失，季氏世修其勤，民忘君矣。虽死于外，其谁矜之？社稷无常奉，君臣无常位，自古以然。故《诗》曰：'高岸为谷，深谷为陵。'三后⑦之姓，于今为庶，主所知也。在《易》卦，雷乘乾曰大壮䷡⑧，天之道也。政在季氏，于此君也四公矣。民不知君，何以得国？是以为君慎器与名，不可以假人。"

◇注释

①乾侯：春秋时晋国城邑，今河北省成安县东南。

②赵简子：即赵鞅，春秋后期晋国的卿大夫。

③史墨：春秋时晋国史官。

④陪贰：副手，助手。

⑤三辰：日、月、星。

⑥妃耦（ǒu）：配偶。妃，通"配"。

⑦三后：三位古代君王。一般指商汤、夏禹、周文王。

⑧䷡：卦符号。

◇译文

鲁昭公死在了晋国乾侯。赵简子问史墨说："季氏赶走了国君，而百姓归顺他，诸侯跟随他。让国君死在异国而没有人问罪于他，这是为什么？"史墨回答说："事情的存在有的成双、有的成三、有的成五、有的需要辅助，所以天有日、月、星三辰，地有金、木、水、火、土五行，身体有左右，人各有配偶。王有公，诸侯有卿，都是有辅助的。天生季氏，让他辅佐鲁侯，时间已经很久远了。百姓归顺他，不也是理所当然的吗？鲁国的君主世代放纵任性，季氏世代勤恳做事，百姓们已经遗忘了国君。虽然鲁昭公死在了国外，谁又会可怜他呢？社稷不会有固定的祭祀者，君臣没有固定不变的地位，自古就是这样。所以《诗经》上说：'高的堤岸变为河谷，深的河谷变为山陵。'三王的子孙们如今变成了平民，君主对此也是知道的。在《周易》的卦象上，代表雷的震卦在乾卦之上，叫大壮，这是上天的常道。鲁国政权到了季氏手里，至鲁昭公已是第四代了。百姓都不知国君为谁，如何得到国政呢？所以做国君的，一定要慎重地对待器物和爵号，不可随意将其借给别人。"

◇原文

后秦[①]秦王苻生杀害忠良，秦人度于一时如过百日。权翼[②]乃说东海王坚[③]曰："今主上昏虐，天下离心。有德者昌，无德受殃，天之道也。一旦有风尘之变，非君王而谁？神器[④]业重，不可令他人取之。愿君王行汤、武之事，以从民心。"坚然之，引为谋主。遂废生，立坚为秦王。

◇注释

①后秦：当为前秦之误。

②权翼：苻坚的幕僚。

③东海王坚：即苻坚。

④神器：帝王的印玺等。借指皇位、政权。

◇译文

前秦的秦厉王苻生天性残忍、杀戮忠良，前秦百姓们过一个时辰如过一百天那样备受难熬。大臣权翼对东海王苻坚说："如今皇上昏聩暴虐，已经失去了百姓民心。有德行的人兴盛发达，没有德行的遭受灾殃，这就是天道。一旦国家局势发生重大的变动，君王不归您还会归谁呢？帝位社稷关系重大，千万不可被别人夺取。望君王您效仿商汤伐桀、周武王伐纣那样的举动来顺应民心。"苻坚赞同这一想法，就让权翼做主要参谋。最终废掉了苻生，立苻坚为秦王。

◇原文

周大将军郭荣①奉使诣隋高祖，高祖谓荣曰："吾雅尚②山水，不好缨绂③。过藉时来，遂叨④名位。愿以侯归第，以保余年，何如？"荣对曰："今主上无道，人怀危惧，天命不常，能者代有。明公德高西伯⑤，望极国华，方据六合以慰黎庶，反效童儿女子投坑落阱之言耶？"高祖大惊曰："勿妄言，族矣。"及高祖作相，笑谓荣曰："前言果中。"后竟代周室。

◇注释

①郭荣：南北朝时北周的大将军，初仕北周，隋时官至左光禄大夫。

②雅尚：极崇尚。

③缨绂（yīng fú）：冠带与印绶，亦借指官位。

④叨：表示承受的意思。

⑤西伯：即周文王。

◇译文

北周大将军郭荣奉命来到隋高祖杨坚那里，杨坚对郭荣说："我特别崇尚山水自然，不太喜欢做官，凭借时运好，才有了今天的名利地位。我很想以侯爵退隐归家，以安度余下的时光，你觉得如何？"郭荣回答说："如今皇上昏聩无道，人人都自危而感到害怕，天命并不是固定不变的，有才能的人可代替他。明公您的德行比周文王还要高，您的声望超过了国中的精英，应当占有天下来抚慰百姓，可是您怎么能效仿儿童、妇人说出投坑落阱、没有前途的话呢？"杨坚感到惊惧，说："不要乱说！这可是要灭族的。"等到杨坚当了宰相，他笑着对郭荣说："你以前的话果然应验了。"这之后，杨坚最终取代北周建立了隋朝。

◇原文

隋炀帝初猜忌，唐高祖知之，常怀危惧。为太原留守，以讨击不利，恐为炀帝所谴，甚忧之。时太宗从在军中，知隋将亡，潜图义举，以安天下，乃进白曰："大人何忧之甚也？当今主上无道，百姓愁怨，城门之外，皆以^①为贼。独守小节，必且旦暮死亡。若起义兵，实当人欲。且晋阳用武之地，足食足兵，大人居之，此乃天授，正可因机转祸，以就功业。既天与不取，忧之何益？"高祖大惊，深拒之。太宗趋而出。

明日，复进说曰："此为万全之策，以救族灭之事。今王纲弛紊，盗贼遍天下。大人受命讨捕，其可尽乎？贼既不尽，自当获罪。且又世传李氏姓膺^②图箓^③。李金才位望隆贵，一朝族灭。大人既能平贼，即又功当不赏，以此求活，其可得乎？"高祖意少解，曰："我一夜思量，汝言大有道理。今日破家灭身亦由汝，化家为国亦由汝。"于是定计。

乃命太宗与晋阳令刘文静，及门下客长孙顺德、刘弘基等募兵。旬日之间，众且一万。斩留守副王威、高君雅，以其诡请高祖祈雨于晋祠，将为不利故也。用裴寂计，准伊尹放太甲、霍光废昌邑故事，尊炀帝为太上皇，立代王侑以安隋室。传檄诸郡，以彰义举。秋七月，以精甲三万西图关中。高祖杖白旗，誓众于太原之野，引师即路，遂亡隋族，造我区夏^④。

◇注释

①以，通"已"。

②膺：受，当。

③图箓（lù）：即图谶，古代宣扬符命占验的书。制作隐语或预言，作为吉凶的符验或征兆。

④区夏：指华夏、中国。

◇译文

隋炀帝初登帝位就猜忌唐高祖李渊，李渊知道后，常常感到危惧不安。李渊当上太原留守，因为征伐叛军不利，害怕被隋炀帝谴责治罪，很是忧心。当时唐太宗李世民也随父亲在军中，他知道隋朝即将灭亡，秘密筹划着发动义举来安定天下。他进见李渊，说："父亲大人何必如此忧虑不安呢？当今皇上昏庸无道，天下百姓愁苦怨愤，城门外到处是贼盗。此时还独守小节，那我们很快就有杀身之祸了。如果发起义兵，正好顺应百姓的心愿。况且晋阳是用兵的好地方，食物、兵源都很充足，父亲能拥有这里，是上天授予我们的大好机会，我们正好可以借机转祸为福，以此成就功业。既然上天赐给我们的都不收取，整天忧虑又有何用呢？"李渊听后非常震惊，断然拒绝了这个建议。李世民疾走退出。

第二天，李世民又来进见李渊，说："这是一个万全之策，能挽救我们被灭族的险境。如今朝纲松弛混乱，盗贼遍布天下。父亲大人奉命讨捕这些贼人，这些贼人能讨捕得完吗？既然贼人不能被捕尽，自身不可避免要获罪了。况且世人都传李姓秉应了图箓预言，将来会占有天下，所以李金才位望隆贵，却一下就被灭了族。父亲大人即使能剿灭全部贼人，功劳再高也不会受到赏赐，想借此来求得保全，又怎么可能得到呢？"李渊的脸色稍好一些，说："我一个晚上都在思考你说的话，你的话很有道理。今天就是毁家灭身也由你，变家为国也由你。"李渊于是确定了大计。

李渊命令李世民与晋阳县令刘文静，以及属下门客长孙顺德、刘弘基等招募士兵。十来天内，就有上万人前来应募。李渊等人斩杀了副留守王威和高君雅，借口是他们诈骗高祖去晋祠祈雨，实际上准备对高祖行不利之事。又采用裴寂的计谋，仿照当年伊尹放逐太甲、霍光废掉昌邑王的先例，尊隋炀帝为太上皇，立代王杨侑为皇帝，以安定隋朝王室。然后传布檄文到各个郡县，来表明他们的义举。同年七月，李渊以三万精兵向西攻取关中。唐高祖李渊手举白旗，在太原的郊野举行誓师大会，挥师前进，最终灭掉了隋王室，缔造了我们的大唐伟业。

◇原文

由此观之，是知天下者非一人之天下也，天下之天下也。所以王者必通三统，明天命所受者博，非独一姓也。昔孔子论《诗》，至于"殷士肤敏，裸将于京"，喟然叹曰："富贵无常。不如是，王公其何以诚慎？民萌其何以劝勉？"《易》曰："安不忘危，存不忘亡，是以身安而国家可保也。"故知惧而思诚，乃有国之福者矣。

◇译文

由此看来，就明白：天下不是某一个人的天下，而是全天下人共同的天下。因此，君王必须懂得王朝更迭之道，明白能够接受天命的人很多，并非只有某一个姓氏。从前孔子评论《诗经》时，当讲到"殷士肤敏，裸将于京"时，不禁感叹道："荣华富贵本无常态。如果不是这样，王公贵族为何如此警惕谨慎呢？平民百姓又为何努力进取呢？"《周易》说："安全不忘危险，生存不忘灭亡，因此身家性命能得以平安，国家政权也得以保全。"因此知道有所畏惧而又常常做到警觉，这实在是国家统治者的福分啊！

◇管理智慧

"预见"是最好的防范

很多人都听说过1977年发生在美国纽约的"大停电"事件，在这次大规模停电事故发生之前，纽约的联合爱迪生公司主席查尔斯·卢斯还在一次电视采访中信誓旦旦地宣称："联合爱迪生公司的系统处于其15年中的最佳状态，这个夏天完全没问题。"3天之后，整个纽约城区陷入了24小时的黑暗之中，这就是轰动一时的"1977年大停电"事件。

很多人正是因为过于害怕危机而不愿意正视危机，这正应了狄摩西尼的话："没有什么比自我欺骗更容易的了。因为人们渴望什么，就相信什么是真的。"面对危机，人们总是习惯采取逃避或者排斥的心理，这种心理并不能帮助人们提高对危机的警惕，相反，只能更加纵容自己对于危机的麻痹心理。

斯蒂文·芬克是一位著名的管理咨询顾问，他曾在一篇文章中诙谐地指出，每一位经营者"都应当认识到死亡和纳税是不可避免的，并必须为之做计划一样，认识到危机也是不可避免的，也必须为之做准备。这样做并不是出于软弱或者胆怯，而是出于知道自己准备好之后的力量……更好地与命运周旋"。预见危机并不是一种胆怯或者过于谨慎的行为，而是一种避免和有效解决危机的必要手段。

美国一家船运公司每年都评选一次最优秀的船队，这个船队首先要满足一个条件：出海的过程中出现事故最少。有一个船队每年都会被评上，因为在海上航行的时候，这个船队几乎没有出现过什么事故，当然，一些自然事故是无法避免的。

当有人问及是什么让这个船队如此优秀时，那个优秀船队的海员会说："其实没什么，我们只是定期进行仔细的船舶检修，尤其是航行前。因为我们明白一个道理，今天不做，明天就会后悔，仅此而已。"

熟悉航海的人都知道，由于船舶运行的故障和磨损、海水较强的腐蚀性、海洋生物强烈的附着力和快速的生长力，使得船体很容易出现问题，产生难以清除的锈斑、锈皮和贝类，严重影响船舶的行使效率和行驶安全，所以必须对船舶进行定期检修，这样才能不出问题或者少出问题。

经营企业就像是驾驶轮船，在市场上冒着巨大的风险前进。如果没有万全的准备，有谁愿意搭上这艘船？因此，如果没有采取预防措施，勇气只会把所有人和这艘船推向不知名的危机。

"今天不做，明天就会后悔"，那些海员说得好。赶在危机之前就解决问题，这或许也是应对企业危机最好的办法。现在很多企业都设立了专门的危机预警机制，定时在企业进行危机实习，这对企业的危机防范很有帮助。

M公司是一家专门经营体育用品的公司，其创办者尼丁·诺利亚认为经常在员工中进行模拟训练，可以使他们对最坏情况的发生做好准备。M公司对于新员工，主要是训练他们如何处理店内发生的危机情况。每一个员工都必须了解确保问题得到有效管理以及把对商店和顾客的损害降到最低点的方法。

"我相信不论管理得怎么好，每一个企业都会面临某种危机，"尼丁·诺利亚说，"成功企业与不成功企业的区别就在于他们是如何管理问题的：问题要么转变成危机，要么虎头蛇尾以失败告终。"

尼丁·诺利亚接着说："我所有的员工都需要知道帮助防范危机及如何管理危机的道理。我们谈了许多我们怎么才能做得更好和企业的弱点，我也相信进行模拟危机训练的效果。我们经常会在特定季节招聘新员工，因此会一年举行两次模拟危机训练。"每隔6个月，在某一个星期六，M公司会要求上白班的员工在开店前提前90分钟到达进行训练。上夜班的员工则在关店后晚走90分钟。员工们知道会发生一次模拟的危机，但不知道具体情况。在以前的模拟中，有一次是一位大声叫喊、非常可恶的顾客拒绝离开商店。在另一次模拟中，有一位员工突然心脏病发作。还有一次，是一位假冒的电视记者走进商店来调查为什么买到残次品的顾客没有得到赔偿。

在每一次危机模拟训练之后，通常将进行一场友好的评论，在这里，员工们讨论所采取的行动以及应该改进的地方。模拟结束后，所有参与活动的员工都会参加抽签，有机会赢得三个奖项中的一个，例如一件队服，一个昂贵的高尔夫球包，或是某件商品的赠与证书。

"每次当我们进行时，每个人都会笑起来并说：'噢，我真高兴这只是练习而不是真事。'"尼丁·诺利亚说，"我们经常想方设法把事情做得更好，以便在危机发生时能更有信心对付它。到目前为止，我们很幸运还没有经历过真正的危机，但如果真碰上时，我们会做好准备的。"M公司的危机模拟训练是现在很多企业都在采用的一种危机管理模式，它可以让员工时刻在工作中保持警惕，防患于未然。

当我们身处顺境的时候，一定要兼顾潜在的危机，防微杜渐，时时都要有紧迫感，要做好准备工作。这样，在危机来临的时候才不至于陷入被动局面，才能及时应对，转危为安。

时 宜

◇题解

欲成大事，必讲谋略。然而谋略的运用最忌墨守成规，正所谓"事不凝滞，理贵变通"。只有因时而变，因势而动，才能夺得先机，成就大的事业。本篇以"时宜"为主题，通过"事同而行异""事同而势异""事同而情异"的众多历史实例，告诉我们要学会随机应变，做到因变制变才能稳操胜券的道理。

◇原文

夫事有趋同而势异者，非事诡也，时之变耳。何以明其然耶？

昔秦末，陈涉①起蕲（qí）兵至陈。陈豪杰说涉曰："将军披坚执锐②，帅士卒以诛暴秦，复立楚社稷，功德宜为王。"陈涉问陈余、张耳两人，两人对曰："将军瞋③目张胆，出万死不顾一生之计，为天下除残贼。今始至陈而王之，示天下以私。愿将军无王，急引兵而西，遣人立六国后，自为树党。如此，野无交兵，诛暴秦，据咸阳以令诸侯，则帝业成矣。今独王陈，恐天下解也！"

◇注释

①陈涉（陈胜）：秦末农民起义军将领。秦二世时，为反抗秦朝暴政，陈涉与吴广率领戍卒九百人，在蕲县大泽乡揭竿而起。

②披坚执锐：身上披着坚固的铠甲，手中拿起锋利的武器。

③瞋：睁大眼睛；生气、恼火。

◇译文

许多事情发展的趋向很相似，但实际的态势却迥然不同。这并不是说事情本身怪异，是时势的变化所造成的。用什么来说明这一原因呢？

秦朝末年，陈胜发动民众在蕲地（今安徽宿县）起义，队伍攻下陈地。陈地的豪杰建议陈胜说："将军你披上坚固的铠甲，拿起锋利的武器，率领士兵讨伐暴秦，重新恢复楚国的社稷，以您的功勋和德望应该称王。"陈胜于是问陈余、张耳两人对于这件事的意见，两人回答说："将军你怒目张胆，多次历经危险却不为自己的生命安全考虑，替天下人清除残暴的君王。如今您刚刚攻下陈地就想称王，这无疑是向天下人显露您追求权力的私心。希望将军此时不要称王，应该迅速领兵西进，派人扶立齐、楚、燕、韩、赵、魏六国王室的后代，为自己树立朋党。如此，就避免了在原野进行大规模的战斗，进而铲除暴秦，占据咸阳来号令天下诸侯，那样您的帝王大业就可成了。现在您只是在陈地称王，恐怕天下的义军很快就解散了。"

◇原文

及楚、汉时，郦食其为汉谋挠楚权，曰："昔汤伐桀，封其后于杞；武王伐纣，封其后于宋。今秦失德弃义，侵伐诸侯社稷，灭亡六国之后，使无立锥之地。陛下诚能复立六国后，此其君臣百姓必皆戴陛下德，莫不向风慕义，愿为臣妾。德义已行，陛下南面称霸，楚必敛衽^①而朝。"汉王曰："善。"张良曰："诚用客之谋，陛下事去矣。"汉王曰："何哉？"良因发八难，其略曰："昔者，汤伐桀，封其后于杞者，度能制桀之死命也。今陛下能制项籍之死命乎？其不可一也。武王入殷，表商容之闾，释箕子之囚，封比干之墓。今陛下能封圣人之墓，褒贤者之闾乎？其不可二也。发巨桥^②之粟，散鹿台^③之财，以赈贫民。今陛下能散府库以赐贫穷乎？其不可三也。殷事已毕，偃革为轩，倒载干戈，示天下不复用武。今陛下能偃武修文，不复用兵乎？其不可四也。放马华山之阳，示无所为。今陛下能放马不复用乎？其不可五也。休牛桃林之野，示天下不复输积^④。今陛下能乎？其不可六也。且天下游士，离亲戚、弃坟墓、去故旧、从陛下者，日夜望咫尺之地。今复六国，立韩、魏、燕、赵、齐、楚之后，余无复立者，天下游士各归事其主、从亲戚、反故旧，陛下与谁取天下乎？其不可七也。且楚唯无强，六国立者复挠而从之，陛下安得而臣之哉？其不可八也。诚用客之谋，则大事去矣。"时王方食，吐哺，骂郦生曰："竖儒^⑤！几败我事！"趣令销印。

此异形者也。

◇**注释**

①敛衽：整理衣襟，表示恭敬。

②巨桥：古代粮仓名。商纣王修建的大型粮仓。

③鹿台：商纣王所建的金银财宝仓库。

④输积：输送聚积的物资。

⑤竖儒：对儒者的鄙称。

◇译文

等到楚、汉相争时，郦食其为汉王刘邦谋划怎样削弱楚国力量，说："过去商汤讨伐夏桀，推翻夏朝统治，封夏桀的后代于杞地（今河南杞县）。周武王讨代殷纣，灭掉商朝后，封纣王的后代于宋地（今河南商丘县南）。如今秦皇丧失德行，毫无仁义，还侵夺了诸侯国的江山社稷，谋害六国的后人，使他们根本没有立足的地方。陛下如果能重新扶立六个诸侯国的后人，六国君臣和其百姓必然会感激陛下的恩德，都会闻风仰慕，心甘情愿地做大王的臣民。您的恩德、仁义一旦得到推广，陛下就可以面南背北，称霸，楚国人必然会恭恭敬敬地整饬衣襟来朝拜您了。"汉王说："好！"张良听到后，对汉王说："如果采纳郦食其的计谋，那么陛下您的大事将会失败。"汉王说："为什么这样说呢？"张良因此提出八条加以反驳，大略是："从前商汤讨伐夏桀，将夏桀的后人封于杞地，是因为这样能够置夏桀于死命境地。如今陛下确定能置项羽于死命吗？这是不可以的第一条。武王攻打殷纣，马上设表来表彰商朝的贤臣商容，又把箕子从监狱里放出，整修比干的墓地。现在陛下您能去整修圣人的墓地，到贤者的家乡去表达敬意吗？这是不可以的第二条。周武王曾将殷纣存在巨桥仓的粮食，存在鹿台库的钱物，用来赈济平民百姓。现在陛下您能将府库里的粮食、钱财分给贫穷百姓吗？这是不可以的第三条。武王伐纣后，把战车改造成官车，把兵器都倒放在仓库中，来向天下宣告不用再去打仗了。现在陛下您能放弃武力而去进行文德教化，不再用兵打仗了吗？这是不可以的第四条。武王伐纣后，把战马放逐到华山的南坡，告诉天下百姓再也不用乘马打仗了。现在陛下您能放马南山而再不用马出战了吗？这是不可以的第五条。武王伐纣后，将牛群放归到林野，向百姓表示不需要再运输战争物资、屯聚粮草了。现在陛下您能做到吗？这是不可以的第六条。况且天下的谋臣说客，离开了自己的亲人，离开了自己的祖坟，告别众多的朋友故人，进而来追随陛下，他们日夜期盼的是获得一小块封地。现在如果恢复六国，立韩、魏、燕、赵、齐、楚六国的后代，其他的不再分封，那么来自天南地北的谋士说客，会各自回归老家去侍奉他们的主人，跟亲人团聚，返回朋友故人那里，这样一来，陛下还依靠谁来取得天下呢？这是不可以的第七条。除非楚国弱小，否则你立的六国一定会被楚国削弱而去附庸它，陛下又如何使楚国向您称臣呢？这是不可以的第八条。如果您真用了郦食其的计谋，那么您的大事将彻底失败！"此时汉王刘邦正在进餐，听张良这样说，把吃下去的食物吐了出来，大声骂郦食其，道："臭儒生，差点毁了我的大事！"即刻下达命令，把准备复立六国的印信都销毁了。

这正是事同而形异。

◇原文

七国时，秦王谓陈轸曰："韩、魏相攻，期年不解。或曰救之便，或曰勿救便。寡人不能决，请为寡人决之。"轸曰："昔卞庄子方刺虎，管竖子止之，曰：'两虎方食牛，牛甘必争，争必斗，斗则大者伤，小者死。从伤而刺之，一举必有两虎之名。'今韩、魏相攻，期年不解，必是大国伤，小国亡。从伤而伐之，一举必有两实。此卞庄刺虎之类也。"惠王曰："善。"果如其言。

◇译文

战国时，秦惠王对陈轸说："韩国、魏国互相攻伐，战事已持续一年多了，还没有停止。有人告诉我派军队解救他们比较好，有人告诉我不解救他们比较好。我现在不知怎么决定，希望你为我出个主意。"陈轸回答说："从前下庄子正想刺杀一只猛虎，童仆立即阻止他说：'两只老虎正要吃牛，牛是美味，它们必将会引起争抢。一旦发生争抢，就必定会争斗。如果争斗的话，大老虎便会被咬伤，小老虎便会被咬死。你此时再将受伤的老虎刺死，你岂不是凭此一举，而得到刺杀双虎的名声。'现在，韩、魏两国互相攻伐，战事已持续一年还不停息。最终的结果，一定会使大国损伤，小国灭亡。那时大王再去攻伐那个受伤的国家，便可一举得以灭掉两国。这和下庄刺虎是同样的道理。"秦惠王说："好。"结果真如陈轸所说。

◇原文

初，诸侯之叛秦也，秦将军章邯围赵王于钜鹿①。楚怀王使项羽、宋义等北救赵。至安阳，留不进。羽谓义曰："今秦军围钜鹿，疾引兵渡河，楚击其外，赵应其内，破秦军必矣。"宋义曰："不然。夫搏牛之虻②，不可以破虱。今秦攻赵，战胜则兵疲，我承其弊；不胜则我引兵鼓行而西，必举秦矣！故不如斗秦、赵。夫击轻锐，我不如公；坐运筹策，公不如我。"羽曰："将军勠力而攻秦，久留不行。今岁饥民贫，士卒半菽，军无见粮。乃饮酒高会③，不引兵渡河因赵食，与并力击秦，乃曰：'承其弊'。夫以秦之强，攻新造之赵，其势必举赵。赵举而秦强，何弊之承？且国兵新破，王不安席，扫境内而属将军。国家安危，在此一举。今不恤士卒而徇私，非社稷臣也。"即夜入义帐中斩义，悉兵渡河。沉舟破釜④，示士卒必死，无还心，大破秦军。

此异势者也。

◇注释

①钜鹿：项羽破秦军处，在今河北省邢台市平乡县。

②虻（méng）：一种昆虫，雌虫吸人或动物的血。

③高会：盛大的宴会。

④釜（fǔ）：古代的炊事用具。圆底而无足，必须安置在炉灶之上，釜口也是圆形，可以直接用来煮、炖、煎、炒等，可视为现代所使用的"锅"的前身。

◇译文

当时，诸侯们纷纷反叛秦朝，秦朝将军章邯率军队将赵王围在了钜鹿这个地方。楚怀王派项羽、宋义等人率兵北上去解救赵王。当军队到了安阳（今山东曹县东），宋义便停下不再前进。项羽对宋义说："现在秦军围困住钜鹿，我们应该快速带兵渡河，楚兵从外围攻击，赵兵在钜鹿城中作内应，内外夹攻，一定能击破秦军！"宋义说："不是这样。要拍死牛背上的大虻虫，不可以杀牛身上的小虮虱。现在秦军全力围攻赵国，如果秦军取胜，士兵就会疲惫不堪。我们就趁他们疲惫之时来消灭他们；如果秦军不胜，那么我们就直引大军擂鼓西进，这样就会实现灭秦的大业！所以为今之计，不如先让秦、赵相斗。论手持兵器，战场冲杀，我宋义不如你；但坐下来运用谋略，你就不如我宋义了。"项羽说："您奉命率军全力攻秦，但却久久按兵不动。今年收成又不好，百姓穷困，因此我们的士兵只能野菜和豆类掺着吃，军中也没有半点存粮。而您却饮酒大会宾客，不肯引兵渡河去赵国取得粮食，和他们合力攻打秦军，却说：'等着趁秦军疲败'。像秦军那么强大，攻击新建立的赵国，从情势上看必定攻破赵国。赵国灭亡而秦朝更加强盛，还有什么秦军疲败的机会可乘？况且我们楚军最近遭遇失败，楚怀王坐不安席，把境内所有的兵力全部交给上将军一人独统。国家的安危，就在此一举了。现在上将军不体恤士兵而竟徇私，你不是安定社稷的臣子。"当晚，项羽便闯入宋义的大帐杀了宋义，然后统领全部的兵力渡过漳河。军兵渡河后，项羽下令破釜沉舟，用以向士兵表示必死之信念，于是士气大振，军士都没有后退之心，最终大破秦军。

这正是事同而势异。

◇原文

韩信伐赵，军井陉①，选轻骑二千人，人持一赤帜，从间道升山而望赵军，诫曰："赵见我走，必空壁②逐我。若疾入赵壁，拔赵帜，立汉赤帜。"信乃使万人先行，出背水阵。平旦，信建大将之旗，鼓行出井陉口。赵开壁击之，大战良久。于是信弃旗鼓，走水上军。水上军开入之，复疾战。赵空壁争汉旗鼓，逐韩信。韩信等已入水上军，军皆殊死战，不可败。信所出奇兵二千骑，共候赵空壁逐利，则驰入赵壁，皆拔赵旗，立汉赤帜二千。赵军已不能得信等，欲还归，壁皆汉赤帜，而大惊，以为皆已得赵王将矣。遂乱，遁走。赵将虽斩之，不能禁也。于是汉兵乘击，大破之，虏赵军。诸将效首虏，皆贺信，因问曰："兵法：右背山陵，前左水泽。今者反背水阵，然竟以胜，此何术也？"信曰："兵法不曰：'陷之死地而后生，置之亡地而后存？'且信非得素抚循士大夫也，此所谓'驱市人而战之'，其势非置之死地，使人人自为战。今与之生地皆走，宁尚可得而用之？"

又高祖劫五诸侯兵，入彭城③。项羽闻之，乃引兵去齐，与汉大战睢水上，大破汉军，多杀士卒，睢水为之不流。

此异情者也。

◇注释

①井陉（xíng）：指太行山要隘井陉口，在今河北省鹿泉市西南十里。

②壁：这里指军营。

③彭城：在今江苏省徐州市铜山区，是西楚霸王项羽的都城。

◇译文

韩信带兵攻伐赵国，将军队驻扎在了井陉这个地方。他逃选出两千名轻骑精兵，每人手持一面红色的汉军旗帜，从小路行进到山上并隐蔽埋伏起来，窥视赵军的动静。出发前告诫说："赵军看到我军败退，一定会倾巢出动来追击我军。那时你们就快速冲入赵军的营地，拔掉赵国旗帜，换上我们汉军的旗帜。"韩信于是派遣一万人马出动，开出营寨后，背向着河水排开了阵仗。等到天亮时，韩信登上战车，插上大将旗号，率军击鼓开出井陉口的隘道。赵军打开营门前来迎击汉军，双方交战了很久。而后，韩信抛弃军旗、战鼓，快速退回到排在水边的军阵之中。水边的军队打开阵势将他们迎入，韩信又率军回身与赵军酣战。赵军很快倾巢而出，大家争相抢夺汉军的旗鼓，追逐韩信等人。韩信等人已经与水边的队伍会合，军士们个个拼命作战，不可战败。韩信最先派出的两千骑兵，在赵军倾巢出动去追韩信、拾取战利品时，快速冲进赵军营垒，拔去赵军的旗帜，竖立起两千面汉军的红色旗帜。赵军一时无法打败韩信的军队，更不能俘获韩信等人，想收兵回营，却看到营帐上全是汉军的红色旗帜，顿感惶恐失措，以为汉军已经俘获了赵王和他们的将军。于是赵军大乱，士兵们纷纷逃跑。赵将虽然竭力斩杀制止，但仍然不能阻止他们。汉军因此乘机追击，大破赵军，俘虏活捉了不少赵军将士。汉军诸位将领把敌人的首级和俘虏等呈现给韩信，都向韩信称贺，有人问他："兵法上说：排兵布阵，右边应背着山陵，左边应面对川泽。可是这一次将军您却反而背水为阵，竟然靠此打了胜仗，这是什么战法呢？"韩信说："兵法上不是说过'必须把军队置之死地，士兵才能奋勇作战以求绝处逢生；把士兵放置在危险的境地，才能力争存活以获得胜利'这句话吗？况且我韩信这次并没有统领日常受我训练过而听我调遣的将士，这正是'驱赶着市井平民去打仗'。在此情况下，如果不把军队放在'死地'，使每个人都为了存活而拼命作战，那么就无法取得胜利。现在如果把这些将士们放在有可能逃生的地方，他们早都逃跑了，哪里还能使用他们呢？"

再举一个例子，汉高祖刘邦劫夺并统领五路诸侯的兵马攻入彭城。项羽得知消息，便率领军队离开齐国，与汉军在睢水边大战。楚军大破汉军，杀死很多汉兵，汉军士卒尸体沉入睢水河，河水都被堵塞而不能流动。

这就是事同而情异。

◇原文

汉王在汉中，韩信说曰："今士卒皆山东人，跂而望归。及其锋东向，可以争天下。"

后汉光武北至蓟（jì），闻邯郸兵到，世祖欲南归，召官属计议。耿弇曰："今兵从南来，不可南行。渔阳太守彭宠，公之邑人；上郡太守，即弇父也。发此两郡，控弦万骑，邯郸不足虑也。"世祖官属不从，遂南驰，官属各分散。

后汉李傕等追困天子于曹阳。沮授说袁绍曰："将军累叶台辅，世济忠义。今朝廷播越，宗庙残毁，观诸州郡，虽外托义兵，内实相图，未有忧在社稷恤人之意！且今州城粗定，兵强士附。西迎大驾，即宫邺都，挟天子而令诸侯，畜士马以讨不庭[①]，谁能御之？若不早定，必有先之者。夫权不失机，功不厌速，愿其图之。"绍不从。魏武果迎汉帝，绍遂败。

梁武帝萧衍初起义，杜思冲劝帝迎南康王[②]都襄阳，正尊号。帝不从。张弘策曰："今以南康置人手中，彼挟天子以令诸侯，节下[③]前去，为人所使。此岂岁寒之计耶？"帝曰："若前途大事不捷，故自兰艾同焚；若功业克建，谁敢不从？岂是碌碌受人处分于江南，立新野郡以集新附哉？"不从。遂进兵，克建邺而有江左。

此"情"与"形""势"之异者也。随时变通，不可执一矣。

◇**注释**

①不庭：背叛君上的人不来王庭，称为不庭。

②南康王：南康王指萧宝融，即南朝齐政权的最后一个皇帝齐和帝。

③节下：古时对将帅的尊称，后对使臣和地方疆吏也称为节下。

◇**译文**

汉王刘邦在汉中的时候，韩信对他说："现在你统领的士兵都是来自崤山以东的人，他们都踮起脚尖向东张望，盼望着能早日回乡。趁着这股锐利的气势率军东进，就可以争取天下了。"

东汉光武帝刘秀率军向北来到蓟地（今北京市西南），听说邯郸的军队开到，刘秀便想撤军南归，并召集官员谋士进行商议。耿弇说："现在我们的军队从南边开来，不可以再南归的。渔阳太守彭宠是你的老乡；上郡太守是我的父亲。调集这两郡的士兵，可聚集上万人马，邯郸方面攻来的军队也就不足为虑了。"然而官员们不听从这一建议，于是刘秀起兵南归，官员谋士们也都各自解散了。

东汉末年，李傕追劫汉献帝，把汉献帝围困在曹阳（今河南陕县西）。沮授对袁绍说："将军您祖上数代位居台辅，世代奉行忠义的美德。现在天子四处流亡，国家的宗庙遭到摧毁。我看到各州各郡的统领，虽然对外声称自己是义兵，内心却各有图谋，他们并没有忧国忧民的想法。况且现在将军已基本平定冀州地区，兵强马壮，将士听命。你率军向西迎接皇上銮驾，随即将国都定在邺都，挟天子以令诸侯，招兵买马来讨伐那些不服从朝廷的诸侯，如果这样做，谁还能抵御住你呢？如果不早点定夺，一定会有人抢先的。计谋的实施不应错过时机，功绩要尽可能快速地完成，希望您尽早谋取。"袁绍没有听从建议。后来，魏武帝曹操果然迎取了汉献帝，袁绍因此而失败。

南北朝时，梁武帝萧衍刚刚举义兵起事，杜思冲劝他前去迎取南康王，定都襄阳，以使尊号正当。梁武帝没有听从建议。张弘策说："现在如果南康王置于别人的手中，别人就能够挟天子来号令诸侯，将军你就得前去称臣，被别人号令。这难道是乱世中的打算吗？"梁武帝说："如果我们的前途大业不能获得成功，那么就应当像兰花与艾草那样一起被焚毁，与敌人同归于尽；如果我们能够建功立业，又有谁敢不听从我们呢？难道只是平庸无能地在江南听从别人的号令，占据新野郡来聚集新来投靠归附的人吗？"萧衍不听从建议。于是进兵攻克了建邺，从而占据长江以南的广大地区。

以上所说的是"情"与"形""势"各不相同的例证。所以说要随着实际情况来变通，不能固执于一种看法。

◇变通智慧

见机行事——职场生存的保护伞

相同的事情，别人做得很顺利，到你做的时候一定不要照搬，因为事情可能已经发生了变化。

事物都是处在不断变化和发展之中，如果凡事都照搬教条，而不知随机应变，具体情况具体分析，那就难免失策。形势瞬息万变，波谲云诡，所以必须从实际出发，相机行事，照搬教条只能使人自食恶果。在付诸实践时也应灵活机动，切忌僵化不变，形而上学。

有这样一个历史故事：战国时代，有施氏和孟氏两家邻居。施家有两个儿子，一个儿子学文，一个儿子学武。学文的儿子去游说鲁国的国君，阐明了以仁道治国的道理，鲁国国君重用了他。那个学武的儿子去了楚国，那时楚国正好与邻邦作战，楚王见他武艺高强，有勇有谋，就提升他为军官。施家因两个儿子显贵，满门荣耀。

施氏的邻居孟氏也有两个儿子。这两个儿子也是一个学文，一个学武。孟氏看见施氏的两个儿子都成才了，就向施氏讨教，施氏向他说明了两个儿子的经历。孟氏记在心里。

孟氏回家以后，也向两个儿子传授机宜。于是，他那个学文的儿子就去了秦国，秦王当时正准备吞并各诸侯，对文道一点儿也听不进去，认为这是阻碍他的大业，就将这人砍掉了一只脚，并逐出秦国。他学武的儿子到了赵国，赵国早已因为连年征战，民困国乏，厌烦了战争。这个儿子的尚武精神引起了赵王的厌烦，砍掉了他的一只胳膊，也将他逐出了赵国。

孟氏之子与邻居的儿子条件一样，却出现两种结果，这是为什么呢？

施氏听说了之后，说道："大凡能把握时机的就能昌盛，而断送时机的就会灭亡。你的儿子们跟我的儿子们学问一样，但建立的功业大不相同。原因是他们错过了时机，并非他们在方法上有何错误。况且天下的道理并非永远是对的，天下的事情也非永远是错的。以前所用，今天或许就会被抛弃；今天被抛弃的，也许以后还会派上用场，这种用与不用，并无绝对的客观标准。一个人必须能够见机行事，懂得权衡变化，因为处世并无固定法则，这些都取决于智慧。假如智慧不足，即使拥有孔丘那么渊博的学问，拥有姜尚那么精湛的战术，也难免会遭遇挫折。"而孟家父子正是不懂变化之道而遭此惨事的。

现实生活中，见机行事是一种自我选择和把握，但是缺乏正确的认识而盲目行动，也会得不偿失。

有一位刚毕业的大学生，刚开始的工作很不错，许多人都羡慕不已。但是这个年轻人总是不满现状，觉得自己应该在更好的位置发展，因此他常常跳槽。一开始，凭借自己的高文凭，受到了很多公司的青睐。哪里有招聘他就去哪里，只要看得上眼。他从来不曾审视自己的现状，对于跳槽乐此不疲，还以此骄傲不已。

可是到后来，他发现一个严重的问题。虽然自己在公司的待遇都不错，但是晋升机会从来轮不到自己，而且很多公司连面试的机会都不给他。最后居然被辞退了。

这位年轻人怎么都想不通。后来他的经理把原因告诉了他。原来，用人单位一方面很在意学历，那是对寒窗苦读学子的肯定和鼓励。但是，一个四处跳槽的人，吃的全是自己的老本，而且没有工作责任感，企业对这样的人根本不会重用。

用变化的眼光看问题本没有错，但是还得分场合。如果缺少了正确的认识，就算很好的机会也会被自己弄丢。所以，一定要面对现实，见机行事的同时更要审视自我，要以发展为选择前提。只有发展变化的选择，才是制胜的关键。

钓 情

◇题解

生活中，经常会发生这样的事情：你本来好心劝说别人，却没想到对方很生气，甚至还得罪了他。其实发生这样的事，一个很重要的原因是：你没有考虑到对方的情绪、态度，以及当时的场合。本篇通过先贤言论和种种事例，将其归纳为"钓情"二字。即对人讲话时，一定要钓出对方的隐情，做到察言观色和投其所好，这样才能有的放矢，达到目的。

◇原文

孔子曰："未见颜色而言谓之瞽①。"又曰："未信则以为谤己。"孙卿曰："语而当，智也；默而当，知也。"《尸子》曰："听言耳目不惧，视听不深，则善言不往焉。"是知将语者必先钓于人情，自古然矣。

◇注释

①瞽：盲人，瞎子。

◇译文

孔子说："不察看对方脸色就贸然开口说话，这样的人如瞎子一样。"他还说："还没有取得对方信任，讲话就直言不讳，就会让人觉得是在毁谤自己。"荀子说："讲话时能做到恰到好处，这是智慧；不该讲话时能做到保持沉默，这是聪明。"《尸子》说："听别人讲话时，耳目不专注，视听不集中，这时候，即使是金玉良言也听不进去。"从这些话中可以看出跟人讲话的时候，一定要先摸清对方的态度，自古以来都是如此。

◇原文

故韩子曰："夫说之难也，在知所说之心，可以吾说当之。说之以厚利，则见下节而遇卑贱，必弃远矣。说之以名高，则见无心而远事情，必不收矣。事以密成，语以泄败。未必其身泄之也，而说及其所匿①之事，如是者身危。贵人有过端，而说者明言善议以推其恶者，身危。贵人得计而欲自以为功，说者与知焉，则身危。强之以其所不为，止之以其所不能已者，身危。"又曰："与之论大人，则以为间己；与之论细人，则以为鬻权②。论其所爱，则以为借资；论其所惜，则以为尝己。顺事陈意，则曰怯懦而不尽；虑事广肆③，则曰草野而倨侮，此不可不知也。彼自智其计，则无以其失穷之；自勇其断，则无以其敌怒之。"

◇注释

①匿：隐藏；不让人知道。

②鬻（yù）权：弄权以谋利。

③肆：极，尽。

◇译文

因此韩非子说："游说者的困难，在于了解你所要游说的对象的心理，然后才能用自己的话去顺应他。如果用厚利去游说他，就会被认为是志节卑下，那么他就会用卑贱的待遇对待你，你必然会被弃掷疏远。如果你用清高的名声去游说他，就会被认为是缺乏头脑，远离人情事理，必然不会采纳你的意见。事情因保守机密才能成功，而游说者由于泄露了君主的机密而招致失败。这倒未必是他故意要泄露，而是无意中说出了君主隐秘的事，像这样的人就会有性命之危了。君主有了过失，你却明白无误地用大道理来推究他的过错，这样也会有性命风险。君主得到了良谋善策，要独自建立功业，而游说者却事先知道了这个计谋，就会有性命危险。勉强君主做他不愿意做的事情，试图制止君主正在做的事情，也会有性命危险。韩非子还说："与君主谈论他的大臣，他就会认为你在离间他们的君臣关系；向君主谈论他身边的亲信小人，他就会怀疑你弄权谋利。称颂君主所爱的人，会被认为要拿他本人做靠山；谈论君主所痛惜的，则会被认为你想以此试探他的态度。顺君主之意略述其事来陈说己见，会被认为畏怯懦弱，不敢坦诚进言；多方面思考，直陈己见，则又被认为是粗野而傲慢，这也是不能不明白的道理。如果君主认为自己很聪明，计谋高明，就不能直接指责他的失误，使他感到窘迫尴尬；如果君主认为自己很勇敢，就不能拿与他匹敌的对手去激怒他。"

◇原文

荀悦曰："夫臣下之所以难言者，何也？言出乎身则咎悔及之矣。故曰：举过揭非，则有干忤之咎；劝励教诲，则有挟上之讥。言而当，则耻其胜己也；言而不当，则贱其愚也。先己而同，则恶其夺己明也；后己而同，则以为顺从也。违下从上，则以为谄谀也；违上从下，则以为雷同也。与众共言，则以为顺负也；违众独言，则以为专美也。言而浅露，则简而薄之；深妙弘远，则不知而非之。特见独智，则众恶其盖之也，虽是而不见称；与众同智，则以为附随也，虽得之不以为功。谦让不争，则以为易穷；言而不尽，则以为怀隐；进说竭情，则以为不知量。言而不效，则受其怨责；言而事效，则以为固当。利于上不利于下，或便于左则不便于右，或合于前而忤于后，此下情所以常不通。仲尼发愤称"予欲无言"者，盖为语之难也。何以明其难耶？

◇译文

荀悦说："臣下之所以难以向君主进言，根本原因是什么呢？原因在于话一出口便有生命之忧，悔恨也随之而来了。所以说，指责君主的错误，就会有冒犯君颜、违逆君命的罪过；劝勉教诲君主，便会受到威逼国君的非议。你说得对，他就会因你强过他而感到耻辱；你说得不对，他就会认为你愚笨而看轻你。发表相同的意见，你先于他说，他会认为你故意显示比他聪明而忌恨你；你若在他之后发表相同的意见，他又会认为你是顺风使舵。违背下级而顺从上级，会被认为是阿谀奉承；违背上级而顺从下级，又会被认为与众雷同。与人们说同样的话，就会被看作是从俗；发表与众不同的独到意见，又会被认为是企图独占美名。话说得浅显直露，则被认为浅薄而被看不起；而讲深妙宏远的言论，则因听不懂而非难你。有特立的独到见解，众人就会因你超过了他们而痛恨你，即使你是正确的他们也绝不会称赞；与大家相同的见解，又会被认为是随众从俗，即使有成效也不被认为有功劳。言语谦让不争，则被认为没有本事；言而不尽，被认为是故意留一手；如果你言无不尽，又被认为不识时务。说了不见成效，就会受到怨恨责难；说了见到成效，则又会被认为本来就事该如此。事情有利于上不一定利于下，有利于这个方面的不一定利于那一方面，与前边的利益相符合就可能与后边的利益相违背，这就是臣下之情难于上通君主的根本原因啊！孔子曾激愤地说：'我将不再说什么了。'就是针对游说者这种难处而发的。"如何知道这种难处呢？

◇原文

昔宋有富人，天雨墙坏。其子曰："不筑且有盗。"其邻人亦云。暮而果大亡，其家智其子而疑邻人之父。

郑武公欲伐胡，乃以其子妻之。因问群臣："吾欲用兵，谁可伐者？"关其思曰："胡可。"乃戮①关其思，曰："胡，兄弟之国也，子言伐之，何也？"胡君闻之，以郑为亲己而不备郑，郑人袭胡，取之。此二说者，其智皆当矣，然而甚者为戮，薄者见疑，非智之难也，处智则难。

卫人迎新妇，妇上车，问："骖马②，谁马也？"御曰："籍之。"新妇谓仆曰："柎（fǔ）骖，无苦服。"车至门，拔。教送母："灭燎，将失火。"入室见臼，曰："徙牖③下，妨往来者。"主人大笑之。此三言，皆要言也，然而不免为笑者，早晚之时失矣。

此说之难也。

◇注释

①戮：杀。

②骖（cān）马：古代用三匹或四匹马拉车，中间驾辕的马叫服马，两侧的马叫骖马。

③牖（yǒu）：古建筑中室与堂之间的窗子。

◇译文

从前宋国有一户富贵人家，由于天降大雨，院墙被冲倒了。儿子说："不赶快把墙垒起来，就会有盗贼来偷窃。"他的邻居也这样说。夜里，家中果然被盗，丢失了很多财产。这户富贵人家认为自己家的儿子很聪明，却怀疑邻居的父亲是盗贼。

郑武公想要讨伐胡人，却把自己的女儿嫁给胡人首领。他故意问群臣："我想动用军队，你们说哪个国家该是攻打的对象？"有个叫关其思的臣子说："胡人可以做我们攻打的对象。"郑武公便杀掉关其思，并在关其思临死前，对他说："胡人，是兄弟般的邻邦，你却说可以讨伐，是什么意思？"胡人的国君听到后，认为郑国亲近自己而不再防备郑国，而后郑国军队对胡人发动突然袭击，攻取了他们的国家。富人的邻居与关其思的话都没错，然而严重的结果是被杀，轻微的结果是受怀疑，可见聪明并不难，而是如何使用这种聪明却很难。

卫国的一户人家娶新娘子，新娘子上车后，问仆人："车辕两边的骏马是谁家的？"赶车人说："是借来的。"新娘子便对仆人说："抽打两边的骏马，不要累坏驾辕的服马。"车来到夫家的门口，新娘子下车，对老妈子说："灭掉楼上的灯，防止发生火灾。"进入新房后，看到舂米石臼，就说："移放到窗子下边去，在这里会妨碍人们来往。"新郎家里的人大笑。新娘子的三句话都很中肯，却不免遭受嘲笑，因为说的时机不合适。这就是说话的难处。

◇原文

说者知其难也，故语必有钓，以取人情。何以明之？

昔齐王后死，欲置后而未定，使群臣议。薛公田婴欲中王之意，因献十珥①而美其一。旦日，因问美珥所在，因劝立以为王后。齐王大悦，遂重薛公。此情可以物钓也。

申不害②始合于韩王，然未知王之所欲也，恐言而未必中于王也。王问申子曰："吾谁与而可？"对曰："此安危之要，国家之大事也，臣请深惟而苦思之。"乃微谓赵卓、韩晁曰："子皆国之辩士也，夫为人臣者，言何必同？尽忠而已矣。"二人各进议于王以事。申子微视王之所悦，以言于王，王大悦之。此情可以言钓也。

◇注释

①珥：中国古代的珠玉耳饰。

②申不害：战国时期郑国人。法家重要创始人物之一、思想家。

◇译文

游说君主者知道游说的难处，所以游说前必须先行试探，以掌握君主的态度。怎样说明呢？

从前，齐威王的王后死了，打算册立新的王后，但还未拿定主意，便招来群臣商议。薛公田婴想要迎合齐威王心意，便借机献上十副耳环，其中有一副特别精美。第二天，田婴暗中打听到这副精美的耳环戴在了一位夫人的耳朵上，便建议齐威王册立这位夫人为王后。齐威王大为欣喜，于是开始重用薛公田婴。这说明君主的隐情可以用财物来试探。

申不害刚开始受到了韩王信任，然而还未弄清韩王的喜好欲望，怕所说的话未必能合韩王之意。韩王问申不害："我们与哪个国家结盟会更好呢？"申不害回答说："这是关系到国家安危的大事，请允许我认真思考后再回答。"于是私下悄悄地对赵卓、韩晁说："你们二位先生都是国中能言善辩的人，但作为臣子，所说的意见何必要与君主相同呢？只要尽到忠心就行了。"于是二人分别就结盟之事向韩王陈述了自己的意见。申不害暗中观察韩王听了哪个人的意见而感到高兴，然后向韩王进言，韩王非常满意。这说明君主的隐情可以用话语来试探。

◇原文

吴伐越，越栖于会稽①，勾践喟然叹曰："吾终此乎？"大夫种

曰："汤系夏台，文王囚羑里^②，重耳奔翟（dí），齐小白奔莒，其卒霸王。由是观之，何遽不为福乎？"勾践及得免，务报吴。大夫种曰："臣观吴王政骄矣，请尝之。"乃贷粟以卜其事。子胥谏勿与，王遂与之。子胥曰："王不听谏，后三年吴其墟矣！"太宰嚭（pǐ）闻之，谗曰："伍员貌忠而实忍人。"吴遂杀子胥，此情可以事钓也。

◇注释

①会稽：古地名，今浙江绍兴。

②羑（yǒu）里：古地名，又称羑都，今河南省安阳市汤阴县北的羑里城遗址。为商纣囚禁周文王的地方。

◇译文

吴国讨伐越国，越国国王勾践被困在会稽，勾践感慨万分地叹道："我将要命丧于此了吗？"大夫文种安慰他说："商汤被夏桀囚禁在夏台；周文王被商纣囚禁在羑里；晋文公重耳为公子时，受到骊姬的谗害而出逃戎狄；齐桓公为公子时曾到莒国避难，但他们最后都成就了王霸之业。由此来看，您今天的处境，怎么不是将来转祸为福的开端呢？"勾践在获得吴王夫差的赦免后，决心向吴国报仇。大夫文种献计说："据我观察，吴王在政治上已经非常骄横了，请你让我试探一下。"文种于是向吴国借粮来试探吴王的态度。大臣伍子胥劝吴王不要借粮给越国，可是吴王不听，硬是借给了越国粮食。伍子胥说："大王不听我的忠谏，今后不出三年，吴国必将成为一片废墟。"太宰伯嚭听了，向吴王进谗言说："伍员

（子胥）外表忠厚，实际上是个残忍的人。"吴王于是杀了伍子胥。这说明君主的隐情可以通过事情来试探。

◇原文

客以淳于髡（kūn）见梁惠王，惠王屏①左右，再见之，终无言，惠王怪之，让客。客谓淳于髡。髡曰："吾前见王，王志在驰逐。后复见王，王志在音声。是以默然。"客具以报王。王大骇曰："淳于先生诚圣人也。前有献善马，寡人未及试，会生来。后有献讴者②，未及试，又会生至。寡人虽屏人，然私心在彼。"此情可以志钓也。

◇注释

①屏：除去，排除。这里引申为屏退。

②讴（ōu）者：这里指歌姬。讴：歌唱。

◇译文

一位宠臣将淳于髡推荐给梁惠王，梁惠王屏退左右的人，单独接见淳于髡两次，可是淳于髡却始终不说话。梁惠王感到很奇怪，开始责备推荐淳于髡的那位宠臣。那位宠臣问淳于髡是怎么回事。淳于髡说："我第一次见到大王，大王内心在想着骑马驰骋之事。第二次见到大王，大王的内心在想着欣赏音乐。所以我才沉默不说话。"宠臣把这话上报给梁惠王。梁惠王大惊道："淳于先生真是圣人啊！第一次接见他时，正赶上有人前来献良马，我还没来得及试骑，淳于先生就来了。第二次接见他时，正赶上有献歌姬的，我还没来得及听，正巧淳于先生又到了。我当时虽然屏退了左右的人，然而心思却在别处。"这说明君主的隐情可以从他的神情上探测出来。

◇原文

智伯从韩、魏之君伐赵。韩、魏用赵臣张孟谈之计，阴谋叛智伯。张孟谈因朝智伯，遇智果于辕门之外。智果入见智伯，曰："二主殆将有变。臣遇张孟谈，察其志矜而行高，见二君色动而变，必背君矣。"智伯不从。智果出，遂更其姓为辅氏。张孟谈入见赵襄子曰："臣遇智果于辕门之外，其视有疑臣之心。入见智伯而更其族，今暮不击，必后之矣。"襄子曰："诺！"因与韩、魏杀守堤之吏，决水灌智伯军。此情可以视钓也。

殷浩仕晋，有盛名。时人观其出处，以卜江左兴亡。此情可以贤钓也。

◇译文

春秋末期，晋国权臣智伯率领韩、魏两家讨伐赵襄子。韩、魏听从了赵襄子的家臣张孟谈的策动，暗中图谋背叛智伯。张孟谈借机要面见智伯，在辕门外遇到了智果。智果入见智伯，说："韩、魏两家恐怕要叛变。我在辕门外遇到张孟谈，见他态度非常傲慢，走路时脚也抬得很高，见韩、魏二君脸色不正常，他们一定是要背叛你。"智伯不听告诫。智果出来后，便改智姓为辅氏。张孟谈入见赵襄子，说："我在辕门外遇到智果，看他眼色里有怀疑我的神态。他见过智伯后却改变了他的族姓，今天晚上如果不发动进攻，就来不及了。"赵襄子说："好吧。"便与韩、魏两家一起杀死守堤的军官，放水冲灌智伯的军队。这说明人的隐情可以通过观察神情中探测出来。

殷浩在晋朝做官，名声很大。当时人们用他出来做官还是辞官，来预测东晋的兴亡。这说明国家的隐情可以通过贤人的行为预测出来。

◇原文

《黔经》①曰："喜，色犹然②以出；怒，色廐然③以侮；欲，色炬然④以愉；惧，色惮然⑤以下；忧，色惧然以静。"此情可以色钓也。

由是观之，夫人情必见于物。能知此者，可以纳说于人主矣。

◇注释

①黔经：即钤经。

②犹然：微笑自得的样子。

③廐然：怒火中烧的样子。

④炬（ǒu）然：形容焦躁不安。炬：酷热。

⑤惮（dàn）然：非常害怕的样子。

◇译文

《玉钤经》说："内心喜悦，脸色就会显得很轻松；心中愤怒，脸色就会变得傲慢；心存私欲，脸色就会露出轻薄之态；心中恐惧，脸色就会现出惊悚；心有忧愁，脸色就会现出静穆之情。"

这说明人的隐情可以通过脸色揣测出来。

这样看来，人的隐情一定会从某些事物上显现出来。能够明白这个道理的人，就可以向君主进行游说了。

◇语言智慧

嘴巴的"苦恼"

善于揣度人心的人往往能扶摇直上，而口无遮拦的人常常就没那么幸运了。没有谁会挖空心思去得罪别人，很多时候我们得罪别人不是出自内心的，而是自己在语言表达上出现了偏差，正所谓"失之毫厘，谬以千里"。语言表达出现一点偏差便会导致意义的离题万里。若想减少这种不必要的麻烦，最重要的是要善于察言观色，揣测人心，切忌不要让自己的嘴巴比脑子转得更快。

嘴巴比脑子转得还快的人，大概可以分为两种：一种是急智之才，脱口而出，出口成章，往往瞬间让人拍案叫绝；另一种是说话不经过大脑，但天资有限的人，往往是出口伤人，有时还会达到无法收场的地步。

前一种人是天才，这种人百里挑一，后一种人却是随处可见，一抓一大把。说话不经过大脑，极有可能得罪别人却不自知，等到明白过来后急着弥补时，往往是越急越坏事，到头来好话说了一大堆，人却得罪完了。

有一则笑话：说一剃头师傅家被盗劫。第二天，剃头师傅到主顾家剃头，愁容满面。主顾问他为何发愁，师傅答道："昨夜强盗将我一年的积蓄劫去，仔细想来，只当替强盗剃了一年的头。"主顾怒而逐之，另换一剃头师傅。这位师傅问："先前有一师傅服侍您，为何换人？"主顾就把前面发生的事细说了一遍，这位师傅听了，点头道："像这样不会说话的人，真是砸自己的饭碗。"

言者无心，可听者有意，几句不经大脑的话语，便产生了这种让人哭笑不得的误会，这便是说话不经过大脑所付出的代价。

口不择言，嘴巴比脑袋转得还要快的人，就会闹出许多笑话，甚至得罪了别人却不自知。而善于揣度人心、见机行事的人则会趋利避害，左右逢源。

南齐高帝萧道成提出要与当时的著名书法家王僧虔比试书法，君臣二人都认真地写了一幅楷书。然后齐高帝就问王僧虔："你说说，谁第一，谁第二？"王僧虔不愿贬低自己，又不敢得罪皇帝，于是答道："为臣之书法，人臣中第一；陛下之书法，皇帝中第一。"齐高帝听后，只好一笑了之。

王僧虔这种分而论之的回答是相当巧妙的，表面上是顾及了皇帝的尊严，君臣不能互相比较，实际上是回避了不愿贬抑自己，又不敢得罪皇帝的难题。真可谓是一举两得、一箭双雕。

古时候，吴国有个滑稽才子，名叫孙山。他与乡里某人的儿子一同参加科举考试。考完后，孙山先回到家，那个同乡的父亲就向孙山打听自己的儿子是否考上了。孙山笑着回答说："解名尽处是孙山，贤郎更在孙山外。"这便是"名落孙山"这一典故的来历。孙山的回答既委婉又含蓄，这种表达方式非但没有戳到别人的痛处，反而让别人对他的诙谐调侃佩服不已。即使那位父亲的儿子落榜了，也不会因为孙山的言语而受到刺激。这便是语言表达的魅力所在。

说话不看对象，常常让别人无法理解自己的本意，从而在无形之中与别人拉开了相当的距离。反之，揣摩人心，了解了对方的情况，并依据其情况寻找与之相适应的话题，双方就会觉得谈话比较投机，彼此在距离上也显得比较亲切。

有句谚语："到什么山唱什么歌，见什么人说什么话。"这便是对"揣情术"的最佳注解。所以，学会揣摩人心，权衡利弊，凡事都做到三思而后言，才是安身处世的最佳选择。

忠 疑

◇题解

用人不疑，疑人不用，是古代圣明君主的用人准则。然而能真正做到的人，却不是太多。很多时候，君主因为轻信别人的谗言或者不确定的话，往往容易做出错误判断，导致忠臣蒙冤，人心尽失。本篇从立场、角度和方法上谈论了"忠疑"，要求人们看问题"不可不察"。

◇原文

夫毁誉是非，不可定矣。以汉高之略，而陈平之谋，毁之则疏①，誉之则亲；以文帝之明，而魏尚之忠，绳之以法则为罪，施之以德则为功。知世之听者，多有所尤②，多有所尤即听必悖③矣。何以知其然耶？

◇注释

①疏：疏远。

②尤：过失；罪过。

③悖：相反；违反。

◇译文

毁谤与赞誉，肯定与否定，不可能有固定的标准。以汉高祖刘邦的雄才大略和汉丞相陈平的非凡智谋，当有人毁谤陈平时，刘邦就疏远他；当有人赞誉陈平时，刘邦又开始亲近信任他。以汉文帝那样的英明和云中太守魏尚那样的忠诚，就因为魏尚报战绩时多报了几颗首级，便被绳之以法，当成了罪人；法外施恩，又建立了大功。由此可知，听别人说话往往容易出现误判，因为判断失误，其结论必然相反。如何才能明白这一道理呢？

◇原文

《吕氏春秋》云："人有亡斧者，意其邻之子，视其行步、颜色、言语、动作、态度，无为而不窃斧者也。窃掘其谷而得其斧。他日复见其邻之子，动作、态度无似窃斧者也。"其邻子非变也，己则变之。变之者无他，有所尤矣。

◇译文

《吕氏春秋》说："有个人丢了一把斧子，他怀疑是邻居家的儿子偷去了，他看邻居的儿子不管是走路的样子、脸上的神色、说话，还是一举一动、态度，没有一样不像是偷斧子的人。不久，他掘土挖坑时找到了自己的斧子。过几天再看到邻居的儿子，看其动作、态度，没有一点儿像偷斧子的人。"他邻居的儿子并没有什么变化，而是他自己的看法改变了。改变的原因不是别的，是当初自己的判断出错了。

◇原文

邾（zhū）之故为甲裳以帛。公息忌谓邾之君曰："不若以组^①。"邾君曰："善！"下令令官为甲必以组。公息忌因令其家皆为组。人有伤之者曰："公息忌之所以欲用组者，其家为甲裳^②多为组也。"邾君不悦，于是乎止，无以组。邾君有所尤也。邾之故为甲以组而便也，公息忌虽多为组，何伤？以组不便，公息忌虽无以为组，亦何益？为组与不为组，不足以累公息忌之说也。凡听言不可不察。

◇注释

①组：装饰性丝带。
②甲裳：皮革制的战袍。腰以上谓之甲衣，腰以下谓之甲裳。

◇译文

邾国的习俗，缝制铠甲使用的是丝帛连缀。公息忌对邾国的国君说："不如用丝带连缀。"邾国的国君说："好！"于是下令制铠甲必须使用丝带。公息忌因此也令自己家中制作铠甲时也用丝带。有人在国君面前中伤他，说："公息忌之所以建议用丝带，是因为他家中制铠甲多用丝带。"国君听了，很不高兴，于是下令禁止再用丝带制铠甲。这是邾君的判断有过错。如果邾国过去制铠甲用丝带更为方便，那么公息忌家中用再多的丝带，又有什么妨害呢？如果用丝带制铠甲并不方便，公息忌即使不用丝带，又有何益？无论是用丝带还是不用丝带，都不足以说明公息忌的建议有什么错。所以凡是听别人讲话，不能不加以辨别。

◇原文

楼缓①曰："公父文伯仕于鲁，病而死，女子为自杀于房中者二人。其母闻之，弗哭。其相室曰：'焉有子死而弗哭乎？'其母曰：'孔子，贤人也，逐于鲁，而是人弗随之。今死，妇人为自杀，若是者，必其于长者薄，而于妇人厚。'故从母言之，是为贤母；从妻言之，是不免于妒妻也。故其言一也，言者异则人心变矣。

乐羊为魏将而攻中山，其子在中山。中山之君烹其子而遗之羹，乐羊尽啜②之。文侯曰："乐羊以我故，食其子之肉。"堵师③赞曰："其子且食之，其谁不食？"乐羊罢中山，文侯赏其功而疑其心。

◇注释

①楼缓：战国时期赵国人，著名纵横家。

②啜：吃，喝。

③堵师赞：战国时期的魏国大臣。

◇译文

楼缓说："有个叫公父文伯的人在鲁国做官，他病死后，有两名侍妾因过度悲伤而在家中自杀。公父文伯的母亲听到这个消息，并没有哭。随嫁的侍妾说："哪有儿子死了，母亲不悲伤哭泣的？"公父文伯的母亲说："孔子是个贤明的人，被鲁国驱逐，我儿子却没有追随孔子而去。现在他死了，侍妾却能为他而自杀，可见他对有德的长者并不亲近，而对侍妾却很是宠爱。"因为这话出自母亲之口，人们就认为她是非常贤明的母亲；如果这话出自妻子之口，人们就不免会认为妻子是个好嫉妒的人。所以同样的话，因为出自不同人的口，人们评价的态度就完全不同。

乐羊被任命为魏国将军，率军攻打中山国，当时他的儿子正在中山国。中山国君将他的儿子烹煮了，还把肉做成羹汤送给乐羊，乐羊全部吃光了。魏文侯得知后，说："乐羊是因为我的缘故，才吃自己儿子的肉。"而堵师赞却感叹地说："连自己儿子的肉都吃的人，又有谁的肉不敢吃呢？"乐羊灭掉中山国后，魏文侯奖赏了他的功劳，却从此怀疑他的忠心了。

◇原文

《淮南子》曰："亲母为其子治疙秃①，出血至耳，见者以为爱子之至也。使在于继母，则过者以为慄②也。事之情一也，所从观者异耳。"

从城上视牛如羊，视羊如豚，所居高也。窥面于盘水则圆，于杯则隋③，面形不变其故，有所圆、有所隋者，所自窥之异也。今吾虽欲正身而待物，庸讵知世之所自窥我者乎？是知天下是非无所定也，世各是其所是，非其所非。今吾欲择是而居之，择非而去之，不知世之所是非者，孰是孰非哉？

故有忠而见疑者，不可不察。

◇注释

①疙（gǔ）秃：突起的头疮。疙，通"疙"。

②慄（lì）：通："戾"，残暴。

③隋：亏损，残缺不全。

◇译文

《淮南子》说："亲生母亲为自己儿子治疗头疮，血流到了耳朵，看到的人都说这是疼爱儿子到极点了。如果是后母为其治头疮，血也流到耳朵上，有人就会认为继母太残暴了！同样的事情，看到的人却有不同的观点和结论。"

从城上看城下，往往把牛看成了羊，把羊看成了猪，这是因为站得高而看不清楚的缘故。从一盘水中去照自己的面部是圆的，从一杯水中照自己的面部则是不完整的。自我的面型并没有改变，而看到的却时而圆、时而不圆，这是因为你照的方法不同。如今我想修养自己的品德来接人待物，可如何知道世上的人们是从什么角度来看我的呢？因此才明白天下的是与非本来没有标准的，世上的人实际上各有其是非标准，符合自身的标准就是对的，不符合就是错的。如今我要选择对的一面立身行事，去掉不对的那一面，却不知道世人的是非标准与我的是非标准，究竟谁是对的，谁是错的呢？

所以对有忠心却被怀疑的情况，不能不加以体察。

◇谋略智慧

猜忌伤人又伤己

多疑与猜忌是为人之大忌。不管是夫妻之间、长幼之间、上下级之间、朋友之间，多疑与猜忌都会让人们之间的关系变得疏远。带团队做大事的人尤其要注意，领导多疑则队伍涣散，而领导性格豪爽、光明磊落则会赢得更多人的信赖。

所以真正有智慧的人，作为领导常是光明磊落的，即使有所疑虑，也绝不过分神经。而作为下属则努力低调，积极避嫌，这并不是妥协，而是存身之道。

东汉时候的冯异是光武帝刘秀手下的一员战将，冯异不仅英勇善战，而且忠心耿耿、品德高尚。当刘秀转战河北时，屡遭困厄，在饥寒交迫中，是冯异送上仅有的豆粥麦饭，才使刘秀摆脱困境。不单如此，他治军有方、为人谦逊，每当诸位将领相聚，各自夸耀自己的功劳时，他总是一人独避大树之下。因此，人们称他为"大树将军"。

冯异长期转战于河北、关中，深得民心，成为刘秀政权的西北屏障。树大招风，这自然引起了同僚的妒忌。一个名叫宋嵩的使臣，四次上书，诋毁冯异，说他控制关中，擅杀官吏，威权至重，百姓归心，人们都称他为"咸阳王"。

当时的刘秀对此事也颇费了点心思，一来冯异功劳甚大，大有盖主之势。二来西北方又确实需要能人稳定局势。所以刘秀还真是觉得不好办。而冯异对自己久握兵权，远离朝廷，也不大自安，担心被刘秀猜忌，于是一再上书，请求回到洛阳。不过刘秀深知多疑猜忌乃为君大忌，如若听信谗言处理冯异，对局势不利，但是心里又的确不能完全放下，所以为了消除冯异的顾虑，刘秀便把宋嵩告发的密信送给冯异。这一招的确高明，既可表明对冯异深信不疑，又暗示了朝廷早有戒备，恩威并施，使冯异连忙上书自陈忠心。刘秀这才回书道："将军之于我，从公义讲是君臣，从私恩上讲如父子，我还会对你猜忌吗？你又何必担心呢？"

冯异能够自保，与他自己的行事方法有关。但是刘秀能做到这样，也实属不易。正因为他对冯异能给予一定程度的信任，而不是担惊受怕，所以冯异能够一而再、再而三地为他卖命是有道理的。刘秀虽然不太放心，但是他能控制得住自己的情绪，使得猜忌不会蔓延开来，从而影响这个朝廷的人心向背。

以诚待人、以德服人是为人君主应该恪守的准则。成大事者，必有虚怀若谷的胸怀。当然，历史上也有多疑而成霸业者，不过他们都给将士以足够的信任，如曹操，可谓多疑，但是他对自己的下属却不怀疑。人人都有自尊，被别人猜忌和怀疑则伤害了自己的尊严。在日常生活中，上司和下属之间很容易产生误解，形成隔阂。一个有谋略的领导，常常能以巧妙的方法，显示自己用人不疑的气度，使得疑人不自疑，而会更加忠心地效力。俗话说"疑人不用，用人不疑"讲的就是这个道理。

恩生怨

◇题解

常言道："恩能生怨，亦能生害。"何以因恩生怨呢？大抵逃不过"爱之愈深，恨之愈切"的原因。很多时候，当我们对至亲的人、关系密切的人付出了太多，却得不到该有的回报时，怨气可能就会自然产生。本篇通过孟子与高子对《小弁》一诗的看法、晋惠公与韩简子论秦晋之战等，告诉了我们越是亲近和有恩的人，互相更容易生怨恨，而恩情无疑是其中的根源。

◇原文

《传》称："谚曰：'非所怨勿怨。'寡人怨矣。"是知凡怨者不怨于所疏，必怨于亲密。何以明之？

高子①曰："《小弁》②，小人之诗也。"孟子曰："何以言之？"高子曰："怨乎。"孟子曰："固哉！夫高叟之为诗也。有越人于此，关弓而射我，我则谈笑而道之，无他，疏之也。兄弟关弓而射我，我则泣涕而道之，无他，戚之也。然则《小弁》之怨，亲亲也。亲亲，仁也。"

◇注释

①高子：高何，战国时期墨家弟子。

②《小弁（biàn）》：《诗经·小雅》篇名。《小弁》是一首

充满着忧愤情绪的哀怨诗，抒情主人公遭受父母抛弃，而内心忧愤哀怨。

◇译文

《左传》中引用了一句谚语"不该怨恨的不要怨恨"，可是对于有些人，我却禁不住充满恨意。"由此可知，凡是心怀怨恨的人，不是恨他所疏远的人，而是恨与他关系亲密的人。如何来说明这一点呢？高子说："《诗经·小弁》一诗是小人创作的。"孟子说："你是根据什么才这么说的？"高子说："此诗充满了怨恨。"孟子说："真是固化啊！你高子竟是这样研究《诗经》的。假如有一个越国人在这里，他用弓箭射我，我可以一边说笑一边谈论此事。这没有别的原因，只因为我和他关系疏远。假如是我的兄弟用箭射我，我就会哭着诉说这件事。没有其他的原因，只因为他和我是亲人。《小弁》这首诗中的怨恨情绪，正是热爱亲人的表现。热爱亲人，这是仁啊！"

◇原文

晋使韩简子视秦师，云："师少于我，斗士倍我。"公曰："何故？"对曰："出因其资，入用其宠，饥食其粟。三施而不报，所以来也。"

◇译文

秦、晋之战中，晋惠公命韩简子察看秦国的军容。韩简子说："秦军在人数上少于我军，可斗士却比我们多了一倍。"晋惠公问："这是什么原因？"韩简子回答说："我们在外流亡时得到了秦国的大力资助，回国时又受到秦国军队的护送，发生饥荒时又得到了秦国的粮食救济。三次受到秦国恩惠却不报答，所以秦军才来攻打我们。"

◇原文

杜邺①说王音②曰："邺闻人情恩深者，其养谨；爱至者，其求详。夫戚而不见异，亲而不见殊，孰能无怨？此《棠棣》《角弓》之所作也。"

由此观之，故知怨也者亲之也，恩也者怨之所生也。不可不察。

◇注释

①杜邺：西汉大臣。杜邺为人宽厚，平易近人，并善于辞令，尤工古文。

②王音：西汉外戚、大臣。

◇译文

杜邺在游说王音时，说："我听说人之常情，对人恩重如山的，其供养反而小心谨慎；对最亲爱的人，要求更为严谨。关系亲近却显不出与那些关系疏远的人有什么不同，怎么能没有怨恨呢？这就是《棠棣》《角弓》之诗所以创作的原因。"

由此看来，为什么关系亲近的人反而要生出怨恨。恩情，正是怨恨产生的根源。这道理不可不弄明白。

◇处世智慧

做一个懂得恩情的人

孟子曰："爱人者，人恒爱之；敬人者，人恒敬之。"大意是："爱别人的人，别人也永远爱他；尊敬别人的人，别人也永远尊敬他。"这也让我们认识到：你对别人有恩，别人也会回报你。也就是说你对别人的好坏，直接决定了别人对你的态度。在历史上，知恩图报的例子有很多。

秦穆公是春秋时期秦国很有魄力、很有作为的君主。一天，秦穆公出外闲逛，准备回家时，发现自己的马不见了。这下秦穆公急了，四处寻找。当穆公找到马时，发现马已经被杀掉，正被一群人烧烤着吃！

秦穆公见此，对他们说："这是我的马呀。"这些人一听，都惊恐地站起来。当得知是秦穆公后，他们都吓得半死。"饶了我们吧，我们也是一时糊涂！"他们一边流汗，一边跪在秦穆公面前乞求原谅。

秦穆公非但没怪他们，反而对他们说："我听说吃骏马的肉不喝酒，是会有杀人的念头的。"于是，秦穆公令人送来了酒给这些人喝。这些人羞愧的同时，纷纷对秦穆公的举动表示感激。

过了几年，秦国和晋国交战，秦穆公和部下被晋军围困。就在这时，忽然杀出了一支军队，他们英勇地挥舞着兵器，将一个个晋国士兵斩杀。很快，晋军被他们杀得大败，纷纷逃亡。

秦穆公被救后，立即召见了这支军队。待秦穆公准备赏赐他们时，他们婉拒了奖赏。原来，他们就是杀秦穆公的马并吃肉的那群人。

试想，如果秦穆公当时因为愤怒而斩杀了这群人，还会有他后来的遇险而绝处逢生的机会吗？还能得到百姓的感激和誓死营救吗？自己表现出的宽宏，在别人心里却成了恩情，而这种恩情最终回馈给了秦穆公。古人说："一饭之恩，当永世不忘。"故事中的这群年轻人就是如此，他们也真正做到了知恩图报。

纵然我们要以恩示人，但也要做到适度为好。过度的对别人好，有时候不仅得不到回报，也很可能是伤害。"斗米恩，担米仇"说的就是这个道理。因此，你的善良与恩情，一定要有节有度，要有理性和清醒的判断。道士救虎的故事就告诉了我们这个道理。

傍晚，山上发生了洪水，水上漂着房屋，洪水充满了整个山溪，顺着溪水向下流去。被困的人们，有的骑着树木，有的趴在屋顶，他们极度恐慌，并大声求救。

有个道士准备了大船，他披蓑戴笠，站在水边，督促会游泳的人拿着绳索等候在岸边。如果发现有人漂下来，便投去木头、绳索，把人救上岸。道士用这些方法救下了很多人。

第二天，一只野兽被洪水冲下来，它不断在水中扑腾，并不时看向岸边，貌似在向人求救。道士看见了，说："这也是一条生命，赶快救下它！"

在船工们的合力下，野兽被救上船来，原来是一只大老虎。一开始，老虎意识还没完全清醒，只是舔着身上的毛。当船一到岸，它瞪着眼睛看着道士，猛地把道士扑倒在地。危险之际，船工们拼命救人。结果，道士被救了下来，却受了重伤。道士的遭遇，无疑让人感到唏嘘和不值。

生活里常有这样的事，当你好心帮人的时候，第一次帮他时，他会对你心存感激，第二次，他的感恩心理就会淡化，到了多次以后，他简直就理直气壮地认为这都是你应该为他做的，甚至当没有了这种帮助时，他会对你心存怨恨，正所谓恩中招怨。

面对纷繁的社会和复杂的人际关系，我们一定要做到施恩有度，杜绝盲目。为了避免以怨报德，当我们付出善良时，要有"只问耕耘，不问收获"的心态；当我们得到别人的帮助时，要懂得"滴水之恩，涌泉相报"的道理。只有这样，我们才不会为他人的忘恩所伤悲，才不会让对我们有恩的人心寒。如此这般，才能创造更加和谐的人际交往氛围。

诡 顺

◇题解

面对曾经反对你的人，如何做才能让他真心臣服，彰显你的格局呢？本篇列举了与战国时期秦惠王、汉高祖刘邦、西汉梁孝王、三国魏太祖曹操有关的事例，阐述了作为君王，要能够宽容过去与自己是对手，而如今甘愿归服的人。那些曾忠心于旧主的人，往往更值得信任和重用。

◇原文

赵子曰："夫云雷世屯①，瞻乌②未定。当此时也，在君为君，委质事人，各为其主用职耳。故高祖赏季布之罪，晋文嘉寺人之过，虽前窘莫之怨也，可谓通于大体矣。"昔晋文公初出亡，献公使寺人披攻之蒲城，披斩其祛③。及反国，郤（xì）、吕畏逼，将焚公宫而杀之。寺人披请见，公使让之曰："蒲城之役，君命一宿，汝即至。其后，余从狄君以田渭滨，汝为惠公来求杀余，命汝三宿，汝中宿至。虽有君命，何其速也！"

对曰："臣谓君之入也，其知之矣。若犹未也，又将及难。君命无二，古之制也。除君之恶，惟力是视。蒲人、狄人，余何有焉？今君即位，其无蒲、狄乎？齐桓公置射钩而使管仲相，君若易之，何辱命焉？行者甚众，岂惟刑臣！"公见之，以难告，得免吕、郤之难。

◇注释

①世屯：指时世艰难。

②瞻乌：比喻乱世无所归依之民。

③祛：袖口。

◇译文

赵子（作者自称）说："在时代风雷激荡、天下不安定的时候，在哪位君主属下，就为哪位君主服务，竭尽全力侍奉君主，尽到为君主服务效力的职责。所以汉高祖刘邦能赦免原为项羽部将的季布事敌之罪，晋文公重耳能原谅寺人披曾奉命诛杀自己的罪过，尽管曾遭受过他们的困辱，却不怨恨他们。这说明他们都是识大体的人。"从前，晋文公重耳刚刚从晋国逃出来，父亲晋献公就命令寺人披前往蒲城攻击他，结果斩掉了重耳的一只衣袖。等到重耳返回晋国当上国君时，郤芮、吕甥等旧臣害怕重耳报复，谋划焚毁重耳居住的宫室来除掉重耳。寺人披得知这一阴谋，就请求重耳接见他。晋文公派人斥责他说："蒲城一战，献公命你一夜之后赶到，你很快就到了。这之后，我和狄国的国君在渭水边打猎，你为惠公来杀我，惠公命令你三夜后赶到，你第二夜就赶到了。虽然有国君之命，可是你的速度何其快！"

寺人披回答说："我本来以为你得以返国，对如何做国君的道理很明白。如果还没明白怎样当国君，以后还将会遇到危险。执行国君的命令，是不能有二心的，这是古代流传下来的法则。除掉国君所痛恶的人，只看自身的能力有多大。至于对方是蒲城人还是狄国人，与我有什么关系呢？如今，您登上了国君之位，难道就没有所痛恨的人了吗？齐桓公把管仲曾射中他衣带钩的仇恨都能放置一边，反而任用管仲为相国，如果您改变这样的做法，又何必派人来责骂呢？要逃走的人很多，岂止我这刑余之小臣呢？"晋文公听后，接见了他，寺人披把吕甥、郤芮谋划发难的事告诉了晋文公，才使晋文公免于受到郤芮、吕甥谋害灾难。

◇原文

陈轸[①]与张仪俱事秦惠王，惠王皆重之。二人争宠，仪恶轸于王曰："轸重币轻使秦、楚之间，将为国交也。今楚不善于秦而善于轸，轸为楚厚，为秦薄也。轸欲去秦而之楚，王何不听之？"

王乃召轸而问之。轸曰："臣愿之楚。臣出必故之楚，且明臣为楚与不也。昔楚有两妻者，王闻之乎？"王曰："弗闻。"轸曰："楚有两妻者，人挑其长者，长者骂之；挑其少者，少者复挑之。居无几何，有两妻者死。客谓挑者曰：'为汝娶少者乎？长者乎？'挑者曰：'娶长者。'客曰：'长者骂汝，少者复挑汝，汝何故娶长者？'挑者曰：'居人之所，则欲其挑我；为我之妻，则欲其骂人。'今楚王明主，昭阳贤相。使轸为臣，常以国情输楚，楚王将不留臣，昭阳将不与臣从事矣。臣何故之楚？臣出，必故之楚，足以明臣为楚与不也。"轸出，仪入，问王曰："轸果欲之楚不？"王曰："然。"仪曰："轸不为楚，楚王何为欲之？"王复以仪言谓轸，轸曰："然。"王曰："仪之言果信矣。"轸曰："非独仪知之，行道之人尽知之矣。子胥忠于君，而天下皆争以为臣；曾参、孝己爱于亲，而天下皆愿以为子。故卖仆妾不出闾巷售

者，良仆妾也；出妇嫁于乡曲者，必善妇也。今轸若不忠于君，楚
亦何以为臣乎？忠且见弃，轸不之楚，将何归乎？"

王以其言为然，遂厚待之。惠王终相张仪，轸遂奔楚。

◇注释

①陈轸（zhěn）：战国时期人，纵横家、谋士。陈轸早年在秦
国为官，后因与张仪争宠失败而离开秦国，到楚国为官。

◇译文

陈轸和张仪共同辅佐秦惠王，秦惠王对他们予以重用。二人因
为在秦惠王那里争宠，张仪便在秦惠王面前说陈轸的坏话："陈轸
带着重金、驾着轻车，经常出使秦、楚两国之间，本来是为了秦、
楚两国建立友好的外交关系。如今，楚国对秦并没表现出友好之
意，而对陈轸却很友善，这说明陈轸为楚国利益考虑的多而为秦国
利益考虑的很少啊！陈轸将要离开秦国而前往楚国，您为何不任他
去呢？"

秦惠王立即召见陈轸询问这件事。陈轸说："我愿意去楚国。
我离开秦国一定去楚国，是为表明我是不是私下为楚国效力。从
前，楚国有个人娶了两个妻子，大王听过这个故事吗？"秦惠王
说："没听说过。"陈轸说："楚国有人娶了两个妻子，有个人去
引逗那位年岁较大的，结果被骂了一顿；又去引逗那个年岁小的，
她也反过来引逗他。过了不久，那个楚国男人死了。有人问那个引
逗的人：'如果让你挑选一个的话，你想娶那个年岁较小的，还是
那个年岁较大的？'那人说：'娶年岁较大的。'问话的人说：

'年岁大的骂过你，年岁小的引逗过你。你为什么反而要娶年岁大的呢？'那人回答说：'作为一个外人，我当然希望她来引逗我；但要做我的妻子，我就希望她能拒绝并责骂那些引逗她的人。'如今的楚王是明君，昭阳是贤相。假如我作为秦国臣子，却经常把秦国的重要情报交给楚国，楚王将不会收留我，昭阳也不会愿意和我共事。我又何必前往楚国呢？我离开秦国一定要到楚国去，这足以证明我私下里没有为楚国做事。"陈轸出去后，张仪进来了，问秦惠王说："陈轸是不是真的要去楚国？"秦惠王说："是这样。"张仪说："如果陈轸没有为楚国效力，楚王为什么接纳他呢？"秦惠王又把张仪的疑问向陈轸讲了，陈轸说："是这样的。"秦惠王说："张仪的话果然都是可信的。"陈轸说："不仅仅是张仪知道，路上的行人也都知道这样的道理。伍子胥忠于君主，天下所有的君主都争着想接纳他为臣子；曾参、孝己都很爱自己的双亲，而天下所有当父母的，都愿意有曾参、孝己那样的儿子。所以，要卖婢妾，没有出胡同就卖出去了，那一定是个好婢妾；被休弃的媳妇，如果又嫁给了本乡的人家，那一定是个好媳妇。现如今我陈轸如果对秦国国君不忠，楚王又怎么可能把我当臣子呢？忠心耿耿反而被抛弃不用，我不往楚国，又该到哪里去寻归宿呢？"

秦惠王认为他说的有道理，于是重新厚待陈轸。但秦惠王最终还是任命张仪为相，陈轸于是投奔了楚国。

◇原文

韩信初为齐王时，蒯通①**说使三分天下。信不听。后知汉畏恶其能，乃与陈狶（xī）谋反。事泄，吕太后以计擒之。方斩，曰："吾**

悔不听蒯通之计，乃为儿女子②所诈。岂非天哉！"

高祖归，乃诏齐捕通。通至，上曰："若教淮阴侯反耶？"曰："然。臣固教之。竖子不用臣之策，故令自夷于此。如彼竖子用臣之计，陛下安得夷之乎？"上怒曰："烹之！"通曰："嗟乎！冤哉，烹也！"上曰："若教韩信反，何冤？"对曰："秦之纲弛而维绝，山东大扰，异姓并起，英俊乌聚。秦失其鹿，天下共逐之，于是高材疾走者先得焉。跖③之狗吠尧，尧非不仁，狗固吠非其主。当是时，臣独知韩信，非知陛下也。且天下锐精持锋，欲为陛下所求者甚众，顾力不能耳，又可尽烹耶？"高帝曰："置之！"乃释通之罪也。

◇注释

①蒯（kuǎi）通：秦末汉初辩士。他辩才无双，善于陈说利害。

②儿女子：此指妇孺之辈。

③跖：尧时的大盗。

◇译文

韩信当初被封为齐王时，属下蒯通劝说他与西楚项羽、汉王刘邦三分天下。韩信不听劝说。后来，韩信听说刘邦很疑忌他的才能，于是便同陈豨合谋造反。事情泄露后，吕后用计谋擒住了韩信。将要斩杀之际，韩信慨叹道："我后悔当初没有听蒯通的话，才被妇孺之辈所欺骗，这难道不是天意吗？"

汉高祖回到朝廷后，下令齐国逮捕蒯通。蒯通被押到后，汉高祖说："是你教唆韩信谋反的吗？"蒯通说："是这样的！我本来是那样教导他的。只是这小子不用我的计策，所以今天才落到被夷灭的下场。如果他用了我的计策，陛下怎么能夷灭他呢！"汉高祖大怒说："煮了他！"蒯通说："唉呀，我被煮了，实在是冤枉啊！"汉高祖说："你教唆韩信谋反，有什么可冤枉的？"蒯通回答说："秦朝纲纪废弛，法度败坏，华山以东出现混乱，各家纷纷而起，英雄豪杰就像乌鸦聚集时那样多。就好比秦国跑了一头鹿，天下的人都去追赶，只有身材高大魁梧、跑得飞快的人能最先捉到它。盗跖的狗冲尧不断狂吠，并不是因为尧不仁，是因为尧不是它的主人罢了。我为韩信出谋之时，只知道有韩信，不知道有陛下。而且天下手持锋利的武器，打算做陛下所做的事的人很多，只是力量达不到而已，难道能将他们全都煮了吗？"汉高祖说："放了他吧。"于是赦免了蒯通的罪行。

◇原文

初，吴王濞（bì）与七国谋反，及发，济北王欲自杀。齐人公孙玃（jué）谓济北王曰："臣请试为大王明说梁王，通意天子。说而不用，死未晚也。"公孙玃遂见梁王，曰："夫济北之地，东接强齐，南牵吴、越，北胁燕、赵，此四分五裂之国。权不足以自守，劲不足以扞寇，又非有奇佐之士以待难也。虽坠言于吴，非其正计也。

昔郑祭仲许宋人立公子突以活其君，非义也。《春秋》记之，为其以生易死，以存易亡也。向使济北见情实，示不从之端，则吴必先屠济北，招燕、赵而总之。如此，则山东之纵结而无隙矣。今吴、楚之王练诸侯之兵，驱白徒①之众，西与天子争衡。济北独抵节坚守不下，使吴失与而无助，跬行独进，瓦解土崩，破败而不救者，未必非济北之力也。夫以区区之济北而与诸侯争强，是以羔犊之弱而捍虎狼之敌也。守职不挠，可谓诚一矣。功义如此，尚见疑于上，胁肩低首，累足抚襟，使有自悔不前之心，非社稷之利也。臣恐藩臣守职者疑之。臣窃料之，能历西山，径长乐，抵未央，攘袂②而正议者，独大王耳。上有全亡之功，下有安百姓之名，德沦于骨髓，恩加于无穷，愿大王留意详惟之。"孝王大说，使人驰以闻。济北王得不坐，徙封于菑川。

◇注释

①白徒：未经训练的兵卒；临时征集的壮丁。

②攘袂（mèi）：挽袖捋臂，常形容奋起之状。

◇译文

当初，西汉的吴王刘濞与七国共同谋反，等到阴谋被揭发后，济北王想要自杀。齐国大夫公孙玃对济北王说："请允许我替大王游说梁王，请梁王向皇帝说明我们的难言之隐。如果我的游说没有作用，再自杀也不晚。"公孙玃于是求见梁王，说："济北这个地方，东边挨着强大的齐国，南边受吴、越等国牵制，北边受燕、赵等大国威胁，这是个四分五裂的小国家。其实力根本不够自守，力量也不足以抵御强敌，又没有奇谋之士辅佐来应对吴楚七国的发难。尽管曾对吴王说了不该说的话，但那不是济北王真正的想法。

从前，郑国的祭仲因为被宋国胁迫，答应立宋女所生的公子突为国君，以保护郑昭公的性命，这种做法自然不符合臣子之义。

《春秋》一书将此事记录下来，就是因为这样做使郑昭公保全了性命，使郑国免于灭亡。假如当初济北王露出了真实想法，明确表示不服从吴王，那么吴王必定会先灭济北，招燕、赵两国的军队归他统一指挥。如此，华山以东各诸侯国的合纵联盟便会结成，而且无隙可击了。如今吴、楚二王指挥诸侯的军队，驱赶未经训练的乌合之众，向西进攻与皇帝相抗衡。唯独济北国则拼死坚守不屈从，使吴兵失去援助，只能缓慢单独进兵，最终土崩瓦解，遭到无可挽回的失败，未必不是济北王的贡献啊。当初，如果以区区济北小国与吴楚诸国诸侯争强斗胜，那是用羊羔和牛犊般的弱力去对抗虎狼一般凶狠的敌人啊。如今，济北王做到了守职不失，可以称得上是忠诚专一了。有如此的功劳和忠义，尚且被皇帝所猜疑，只能缩肩低头，叠脚抚襟，忐忑不安地等着处分，那就会后悔最初为什么不与吴越结盟，这对国家社稷是没有好处的。我怕其他作为国家屏藩之臣的诸侯王们也会怀疑自己守职不失却受到猜疑。我私下考虑，能够路过西山，到达长乐宫、未央宫，向皇帝发表公正议论的人，只有大王您了。对上有保全天下、免于亡国之功，对下有使百姓安居乐业的好名声，您的德行将使人刻骨铭心，恩情永远无尽。希望大王您把这事放在心里，仔细想一想。"梁孝王很高兴，派人骑快马赴长安报告给皇帝。济北王这才免于被牵连治罪，改封为菑川王。

◇**原文**

陈琳典袁绍文章，袁氏败，琳归太祖。太祖谓曰："卿昔为本初移书，但可罪状孤而已，恶止其身，何乃上及父祖耶？"琳谢曰："楚、汉未分，蒯通进策于韩信。乾时[①]之战，管仲肆力于子纠。唯欲效计其主，取福一时。故跖之客可以刺由②，桀之狗可使吠尧也。今明公③必能进贤于忿后，弃愚于爱前。四方革面，英豪宅心矣。唯明公裁之。"太祖曰："善！"厚待之。

由此观之，是知晋侯杀里克，汉祖戮丁公，石勒诛枣嵩，刘备薄许靖，良有以也。故范晔曰："夫人守义于故主，斯可以事新主；耻以其众受宠，斯可以受大宠。若乃言之者虽诚，而闻之者未譬④，岂苟进之悦易以情纳，持正之忤难以理求？诚能释利以循道，居方以从义，君子之概也。"

◇注释

①乾时：古地名，位于今天的山东淄博西南。

②由：即许由，相传为尧时代的贤人。

③明公：对有名位者的尊称。

④譬：领悟、了解。

◇译文

三国时的陈琳，在袁绍手下做起草文书的工作，袁绍失败后，陈琳归附了魏太祖曹操。曹操对陈琳说："你以前为袁绍写檄文声讨我，只需历数我的罪状就行了，因为罪恶是我一个人干的，为什么向上骂起我的父祖呢？"陈琳谢罪后，说："楚、汉胜负未分之际，蒯通向韩信献计策，劝说韩信与楚汉三分天下；齐鲁乾时之战，管仲竭力为公子纠效命。这都是只想为其主人效力，助其主人获取一时之福啊。所以，盗跖的属下可以去刺杀许由，夏桀的狗可以向尧狂吠。现在您果真能忘却前嫌，对贤明之士即使与你有怨恨也加以重用；对平庸之材即使与你亲近也罢黜他。那么就会使四方豪杰改变态度，归顺于您了。希望您能明智地裁决这个问题。"曹操说："讲得好！"于是厚待陈琳。

由此看来，晋惠公杀掉不忠于怀公的里克，汉高祖杀掉不忠于项羽的丁公，石勒杀掉不忠于西晋的枣嵩，刘备看不起不忠于刘璋的许靖，都是有道理的啊。所以范晔说："人只有忠于旧主，才能以忠心侍奉新主；只有以多方受到宠信为耻辱，才可以受到特殊的恩宠。如果进言者虽然忠心耿耿，而在上者却听不进去，这岂不是因为苟且求进的奉承话容易被接受，而立论严正的逆耳忠言就难以寻求吗？如果能放弃功名利禄，遵循正道，处事方正，坚守大义，那就是君子的气概了。"

◇用人智慧

孙策攻心太史慈

领导者若想得到人才，一定要采取主动，示之以诚，用诚心去感化下属。"攻城为下，攻心为上"，以赤诚之心待人，才能得到下属忠心的回报。

所谓："唯天下至诚为能化。"只要有至诚之德，万物都可以被感化，何况是人。"至诚如神"，只要以至诚行天下，就会如有神助，以之育物，则万物兴盛；以之取人，则人人尽其精诚，倾其智力来辅佐。正所谓"精诚所至，金石为开"。

孙策是称雄一世的豪杰，他用人时，讲究"赤诚待人"，从而换来很多人的耿耿忠心。太史慈就是一例。

汉献帝建安三年（198年），孙策发兵袭击太史慈，太史慈兵败，被孙策俘虏。孙策知道太史慈是贤能之人，因此并未计较三年前双方在神亭一仗自己被他打败的耻辱，而是亲自为太史慈解去绳缚，执手慰问，并坦诚地表达自己求贤的心情："今日幸得君，愿与足下共图大事。久闻卿有烈义，为解孔融之危，冒死求救于刘备，深为敬佩。卿诚为天下志士也。但投靠未得其人，我愿做足下知己，请不要担心在我处不如意。"

孙策以诚相待太史慈，倾吐肺腑之言，然后任命他为帐下都督，在收兵班师时，又让太史慈充当先导。这样一番感情攻势之后，太史慈终于被孙策的诚心打动，答应在孙策帐下效力。

当时，刺史刘繇病死豫章，所部处于群龙无首的状态。这对孙策来说是一个绝好时机，若能争取到这些人马，那自己的实力将会迅速增强。那么究竟该让谁去完成这项任务呢？由于刘繇生前与太史慈是好友，因此孙策决定派太史慈前去。太史慈见孙策如此信任自己，决心不辜负所托，前去豫章招安，并说："慈有不赦之罪，将军量同桓、文（指齐桓公、晋文公），当尽死心报德。今并息兵，兵不宜多，将数十人足矣。"同时约定两月之内一定回来，之后整理行装，打点人马而去。

孙策在任用人才上可谓相当有远见卓识，常人都料定太史慈此去肯定不会回来，结果只能是自己又多了一个敌人。而孙策力排众议，他首先明白太史慈的为人，认定他是"义虽气勇有胆烈，然非纵横之人"，是内心"秉道义，重言诺"之人；其次，他知道以自己的情感攻势作用于这样的人，必能以诚换诚，得到太史慈的忠心。

果然不出孙策所料，太史慈按期返回，不辱使命，安抚了刘繇的部下，充实了孙策的实力。孙策也因此更加重用太史慈，视其为自己的左膀右臂，与之共谋大业。

常言道："以诚待人，以德服人。"用崇高的道德来感化人，替人排忧解难，就会扩大自己的影响力，提高自己的声望，这样会有更多的人依附到周围。中国人最讲究以诚待人，讲究知恩图报。"受人滴水之恩，当思涌泉相报"，领导者若能以真诚待我，我又怎能对他耍手腕呢？因此领导者若想得到人才，一定要采取主动，示之以诚，用诚心去感化下属。"攻城为下，攻心为上"，得人莫大于得心，以赤诚之心待人，才能得到下属忠心的回报。

只要与下属肝胆相照、推心置腹，把自己的心交给下属，与下属荣辱与共、生死相依，急其之难、救其之危，设身处地为他们着想，就一定能感动部下的肺腑，拨动部下的心弦，使他们愿意真心地为你效力，心甘情愿地向你敞开心扉。

难 必

◇题解

人活于世，应自立自重，不可随人脚跟，学人言语。只有做到自立自强，才能不受制于人。如果总想着依赖别人，终究不是长久之计。本篇以"难必"为题，阐述了依靠别人是难以肯定的，无论是君臣、兄弟、父子关系，都不能做到完全可以依靠。只有"自求伊祜"，才是最好的生存之道。

◇原文

夫人主莫不欲其臣之忠，而忠未必信，故伍员流于江，苌弘[①]死于蜀，其血三年而化为碧。凡人亲莫不欲其子之孝，而孝未必爱，故孝己忧而曾参悲。此难必者也。何以言之？

魏文侯问狐卷子[②]曰："父子、兄弟、君臣之贤足恃乎？"对曰："不足恃也。何者？父贤不过尧，而丹朱放；子贤不过舜，而瞽叟顽；兄贤不过舜，而象敖[③]；弟贤不过周公，而管叔诛；臣贤不过汤、武，而桀、纣伐。望人者不至，恃人者不久。君欲理，亦从身始，人何可恃乎？"

◇注释

①苌（cháng）弘：周景王、周敬王的大臣刘文公所属大夫，曾为孔子之师。

②狐卷子：战国时魏国人。他口才出众，头脑机敏，跟人对答中最能彰显出他的聪慧。

③敖：一说作"傲"。

◇译文

作为君主，没有不希望自己的臣子是忠实的，可是臣子忠实却不一定能获得信任，所以忠于吴王的伍子胥被沉尸钱塘江，忠于周灵王的苌弘死在了蜀地，苌弘的血藏了三年，化为碧玉。凡是当父母的，没有不期望儿子孝顺的，然而孝子却未必能获得父母的喜爱，所以孝己对父亲很孝敬，却因为后母的谗害而忧虑；曾参对父母很孝敬，却不被父母喜爱而感到悲伤。这就是事物难以有定论的道理。为什么这样说呢？

魏文侯问狐卷子："父子、兄弟、君臣之间，可以将对方的贤德当作依靠吗？"狐卷子回答说："不足以依靠。为什么呢？父亲贤德，没有能比过尧的，可是儿子丹朱却被尧放逐；儿子贤德，没有能比过舜的，可是父亲瞽叟却将他囚拘起来；哥哥贤德，没有能比过舜的，可是弟弟象却很是傲慢；弟弟贤德，没有能比过周公的，可是哥哥管叔却被他杀掉了；臣子贤德，没有能比过商汤和周武王的，可是夏桀、商纣两位君主正是被这两位臣子伐灭的。所以盼望别人时，人偏偏不来；依赖别人是不能长久的。您要想治理天下，就得从依靠自身开始，别人又怎么值得依赖呢？"

◇原文

汉时，梁孝王藏匿羊胜、公孙诡①。**韩安国**②**泣说梁孝王曰：**

"大王自度于皇帝，孰与太上皇之与高皇帝，及皇帝之与临江王亲？"孝王曰："弗如也。"安国曰："夫太上、临江亲父子间，然而高帝曰：'提三尺剑取天下者，朕也！'故太上终不得制事，居栎（yuè）阳。临江王，嫡长太子也，以言过废王临江。用宫垣③事，卒自杀中尉府。何者？治天下终不以私害公。语曰：'虽有亲父，安知其不为虎？虽有亲兄，安知其不为狼？'今大王列在诸侯，悦一邪臣浮说，犯上禁，挠明法，天子以太后故不忍致法于王。太后日夜泣涕，幸大王自改，而大王终不觉悟。又如太后宫车即晏驾，大王尚谁攀乎？"语未卒，孝王出羊胜等。

◇注释

①羊胜、公孙诡：此二人是西汉文士。七国之乱后，梁孝王怨恨袁盎等阻止汉景帝立自己为嗣，便同羊胜、公孙诡等人谋杀袁盎等。事情发生后，汉景帝到梁搜捕他们，想要治罪。无可奈何的梁孝王，只好令他们自杀。

②韩安国：为汉初名将，一开始为梁孝王中大夫。七国之乱中，他曾带领军队打败吴兵，后又作为使臣疏通了梁孝王与汉景帝的关系。

③宫垣：指皇宫的围墙。

◇译文

西汉时，梁孝王把朝廷通缉的罪犯羊胜、公孙诡二人藏在了王宫里。内史韩安国哭着劝说梁孝王道："大王您自己思考和当今皇帝（即汉景帝）的关系，与当年太上皇与高祖皇帝、当今皇帝与临江王的关系相比，哪一个更亲近呢？"梁孝王说："我与当今皇帝的关系是兄弟关系，当然比不过太上皇与高祖皇帝、当今皇帝与临江王的父子关系。"韩安国说："太上皇与高祖皇帝、当今皇帝与临江王是亲父子关系，然而高祖皇帝却说：'提三尺之剑，夺取天下的是我。'所以太上皇最终没能当朝理政，只能住在栎阳的宫殿里；临江王是当今皇帝的嫡亲长子，由于说话不谨慎而被废掉王位，又由于宫廷内部的家事而在中尉府自杀。为什么会这样？治理天下，不能因家事而妨害国家的利益。古语说：'虽有亲父，怎么能知道他不是凶残的猛虎呢？虽有亲哥哥，怎么能知道他不是凶残的狼呢？'如今大王您位列诸侯王，喜欢听佞臣取悦的话，冒犯当今皇帝，违背了法度，当今皇帝因为有太后宠爱您的缘故，不忍心动用法律制裁您。太后日夜哭泣，盼望您能悔过改正，可是却毫不醒悟。假如有一天太后逝世，您又能依靠谁呢？"话还没说完，梁孝王便把羊胜等人交了出来。

◇原文

由是观之，安在其可必哉？语曰："以权利合者，权利尽而交疏。"又曰："以色事人者，色衰而爱绝。"此言财色不可必也。墨子曰："虽有慈父，不爱无益之子。"黄石公曰："主不可以无德，无德则臣叛。"此言臣子不可必也。《诗》云："自求伊祜。"有旨哉！有旨哉！

◇译文

由此看来，事情哪有什么定准并可依靠的呢？古语说："因为权势和利益的需要而结合的，一旦权势和利益没有了，交情自然就会疏远。"又说："靠美丽的容貌侍奉别人的，一旦容貌衰去，宠爱也会就此断绝。"这就是说钱财和美色由于没定准而不可依靠。墨子说："虽然有慈爱的父亲，但他不会疼爱没用的儿子。"黄石公说："君主不可以没有德行，没有德行，臣子就会叛离。"这是说臣下和子女都不可依靠。《诗经》上说："只有自求多福了！"真有道理啊！

◇生存智慧

别坐等别人来帮你

面对挫折，只有自强者才能战胜困难、超越自我。如果一味地坐等别人来帮忙，只能落得失败的下场。遭遇不顺利的事情时，坐等他人的帮助是一种愚蠢的做法，只有靠自己的努力才能解决问题。记住：可以永远依赖的人只有自己！

一个村夫独自上山，遭到一只秃鹰的袭击。秃鹰猛烈地啄着村夫，将他的鞋子和袜子撕成碎片后，便狠狠地啃起村夫的双脚。

这时有一位打柴人经过，看见村夫鲜血淋漓地忍受痛苦，不禁驻足问他："为什么要忍受秃鹰的啄食呢？"

村夫回答："实在没有办法啊。这只秃鹰刚开始袭击我的时候，我曾试图赶走它，但是它太顽强了，抓伤了我的脸颊，因此我宁愿牺牲双脚。天啊，我的脚差不多被撕碎了，真可怕！"

打柴人说："只要一枪就可以结束它的生命呀。"

村夫听了，尖声叫嚷："真的吗？请你助我一臂之力，好吗？"

打柴人回答："我很乐意，可是我得去拿枪，你还能支撑一会儿吗？"

在剧痛中呻吟的村夫，强忍着被撕扯的痛苦说："无论如何，我会忍下去的。"

于是打柴人飞快地跑去拿枪。但就在打柴人转身的瞬间，秃鹰突然拔身冲起，在空中把身子向后拉得远远的，以便获得更大的冲力，然后如同一根标枪般，把它的喙向着村夫的喉头深深啄去。村夫终究没能等到援助，扑倒在地。

如果说在这个世界上，只有一个人能帮助你，那个人只能是你自己。面对困境，只有勇敢自救，才能掌控人生的航向，主宰自己的命运。如果把希望寄托在别人身上，被动消极地等待别人的救助，无异于把自己的命运交由他人或"上帝"摆布，那么你的一切都不会由你说了算了。

在困境中不要有等待他人援助的心理，要学会自己拯救自己。依赖他人的心理会使你消极怠工，让你陷入更危险的境地。

一头驴子不小心掉进一口枯井里，它哀怜地叫喊、求救，期待主人把它救出去。驴子的主人召集了数位乡邻出谋划策，却想不出好办法，大家倒是认定反正驴子已经老了，"人道毁灭"也不为过，况且这口枯井迟早也会被填上。

于是，人们拿起铲子开始填井。当第一铲泥土落到枯井中时，驴子叫得更响了，它显然明白了主人的意图。

又是一铲泥土落到枯井中，驴子出乎意料地安静了，人们发现，此后每一铲泥土打在它背上的时候，驴子都会做一件令人惊奇的事情：它努力抖搂背上的泥土，踩在脚下，把自己垫高一点。

人们不断往枯井里铲土，驴子也就不停地抖搂那些打在背上的泥土，使自己再升高一点。就这样，驴子慢慢地升到了枯井口，在人们惊奇的目光中，从从容容地走出枯井。

这则故事给了我们三个启示：第一，假若你现在正身处枯井中，求救的哀鸣换来的也许只是埋葬你的泥土。驴子教会我们走出绝境的秘诀，便是拼命抖搂打在背上的泥土，把原本用来埋葬自己的泥土变为拯救自己的泥土，将不利因素转化为有利因素；第二，无论绝望与死亡如何惊天动地，有时候要走出"枯井"也就这么简单；第三，驴子走出枯井时的从容，应该说是现代人，尤其是从困境中走出来的人在面向未来时，应该达到的一种境界。

"求人不如求己"，凡事都依靠自己的人，也就能够从容地把握自己的人生。自己的命运自己做主，不要妄想有其他人来拯救自己，依靠自己才是最明智的选择。

大 私

◇题解

杜甫有诗："安得广厦千万间，大庇天下寒士俱欢颜。"这是一种心怀天下百姓的大私，是不以自我利益为前提的惠世思想。本篇着重论述了小私和大私，阐述了"只有不存小私之心，才能成就最大的私；只有不贪图小利，才会获取大利"的观点。

◇原文

《管子》曰："知与之为取，政之宝也。"《周书》曰："将欲取之，必故与之。"何以征其然耶？

黄石公曰："得而勿有，立而勿取，为者则己，有者则士，焉知利之所在？彼为诸侯，己为天子，使城自保，令士自取。王者之道也。"

◇译文

《管子》说："懂得给予是为了有所获取，这是治理政事的法宝。"《周书》说："想要求取它，必须先行给予。"怎样证明这个道理呢？

黄石公说："得到的东西却不占有它，君主建立功业却不占取功名，只要尽力去做就好了，占取功名是士大夫的事情，君主何必知道名利在哪里可以得到呢？他们是诸侯，自己是天子，要让城中的百姓保卫自己的城池，要让征伐的将士自己去攻克敌人的城池。这才是君王打天下、守天下的大道理。"

◇原文

《尸子》曰："尧养无告，禹爱辜人^①，此先王之所以安危而怀远^②也。圣人于大私之中也为无私。汤曰：'朕身有罪，无及万方；万方有罪，朕身受之。'汤不私其身而私万方。文王曰：'苟有仁人，何必周亲^③！'文王不私其亲而私万国。先王非无私也，所私者与人不同。"此知大私者也。

由是言之，夫唯不私，故能成其私；不利而利之，乃利之大者矣。

◇注释

①辜人：罪人，受车裂之刑罚的人。
②怀远：关怀远方的人。
③周亲：指至亲。

◇译文

《尸子》说："尧托养孤苦而没有依靠的人，禹同情有罪的人。这就是古代的圣君能够使社稷得以安定，使偏远地方的百姓得到关怀的原因。圣明的国君在最大的私情里表现出的却是无私。商汤说：'我自己有罪过，不要对天下的臣民进行报复；天下的臣民有罪，就让我一个人来承担吧。'商汤不偏爱一己之身而爱天下臣民。周文王说：'假如有仁人，何必非得是周族的亲属不可呢？'

周文王不偏爱他的亲族而爱天下的百姓。古代的圣王不是无私的，只是他们的私心与一般人不同。"这才是通晓大私的人。

由此说来，只有不存小私，才能成就最大的私；只有以不图小利为利，才会获取大利啊。

◇处世智慧

千金易得，宽厚之心难求

"但求世上人无病，何妨架上药生尘。"在以前的药铺里，常常可以看到这样一副对联。它包含的悲天悯人、宽厚无私的情怀是很让人感动的。自己虽然是良医，却祈求别人不生病，其中蕴涵着至高境界的道德品质。

同样的宽厚无私在孔子身上也可以看到。孔子在《论语·颜渊》中也曾说过："听讼，吾犹人也。必也使无讼乎！"意思是说：审理诉讼案件，我同别人一样能做好，但内心总是希望这些事情不再发生啊！孔子希望通过教化来提升人们的修养，从而减少案件的发生。这是以天下人为念的博大情怀。

世间天地万物数不胜数，其中最能够打动人的莫过于一颗宽厚无私、善良之心。

山东潍县以前是个多灾多难的地方，经常发生水灾、旱灾。"扬州八怪"之一的郑燮（即郑板桥）在当地任县令七年期间，就有五年发生灾情。他刚到任那一年，潍县发生水灾，十室九空，饿殍满地，其景象惨不忍睹。郑板桥据实上报，请求朝廷开仓赈灾，可朝廷迟迟不准。在危急时刻，郑板桥毅然开仓放粮，他说："不能等了，救命要紧。朝廷若有怪罪，就惩办我一个人好了。"这样灾民很快得救了。

郑板桥秉承儒家心系天下苍生的精神，心念百姓疾苦。他深知"民为邦本，本固邦宁"的古训，做任何事，他首先想到的是百姓。他招民工修整水淹后的道路城池，采取以工代赈的办法救济灾区壮男；同时责令大户在城乡施粥救济老弱饥民，不准商人囤积居奇；他自己带头捐出官俸，并刻下"恨不得填满了普天饥债"的图章。他开仓借粮时有秋后还粮的借条，到秋粮收获时，灾民歉收，他当众将借条烧掉，劝人们放心，努力生产，来年交足田赋。

由于他的这些举措，无数灾民解决了倒悬之危。为了老百姓，他得罪了一些富户，特别在整顿盐务时，更是触动了富商大贾的私利。潍县濒临莱州湾，盛产海盐，长期以来，官商勾结，欺行霸市，哄抬盐价，贱进贵卖，缺斤少两，以次充好。郑板桥针对这些弊端严令禁止，因此，一些富人对他造谣毁谤，匿名上告。有一年，潍县又受大灾，郑板桥申报朝廷赈灾，上司怒其多次冒犯，又加上听信谗言，不但不准，反给他记大过处分，钦命罢官，削职为民。离开潍县时，百姓倾城相送。郑板桥为官十余年，并无私藏，只是雇三头毛驴，一头自骑，两头分驮图书行李，由一个差丁引路，凄凉地向老家走去。临别时，他为当地人民画竹题诗："乌纱掷去不为官，囊囊萧萧两袖寒。写取一枝清瘦枝，秋风江上作鱼竿。"

郑板桥为官，不以自己的才情作为晋升的手段，也不以此卖弄，而是用在为民谋福上，这种宽厚无私的精神才是人格的最高境界。

一灯大师曾说："世人无数，可分三品：时常损人利己者，心灵落满灰尘，眼中多有丑恶，此乃人中下品；偶尔损人利己者，心灵稍有微尘，恰似白璧微瑕，不掩其辉，此乃人中中品；终生不损人利己者，心如明镜，纯净洁白为世人所敬，此乃人中上品。人心本是水晶之体，容不得半点尘埃。"人世间最宝贵的不是金银财宝，而是一颗宽厚无私、品行高尚的心灵，那是纵有千金也不能买到的稀世珍品。

❀ 败 功 ❀

◇题解

常言说："失败是成功之母。"这是被无数事实证明的一条真理，但是这个真理也是有先决条件的。对于懦弱者来说，失败可能意味着从此一蹶不振；对于奋斗者来说，失败就是迈向成功的基石。本篇通过楚恭王和司马懿的故事，告诉我们失败并不可怕，只要能够总结经验教训，敢于承担责任并不懈奋斗，自然会因祸得福，反败为胜。

◇原文

《文子》曰："有功离仁义者，即见疑；有罪不失仁心者，必见信。故仁义者，天下之尊爵也。"何以言之？

昔者，楚恭王有疾，召其大夫曰："不谷不德，少主社稷，失先君之绪，覆楚国之师，不谷之罪也。若以宗庙之灵，得保首领以没，请为'灵'若'厉'。"大夫许诺。及其卒也，子囊曰："不然！夫事君者从其善，不从其过。赫赫楚国而君临之，抚征南海，训及诸夏，其宠大矣。有是宠也，而知其过，可不谓之'恭'乎？"大夫从之。此因过以为功者也。

◇译文

《文子》说："一个人有功而失去了仁义，势必会被疑忌；有罪而不失仁心，必定会受到信任。所以说，仁义是天下最尊贵的东西。"为何这样说呢？

从前，楚恭王身患重病，将大夫们召集到身边，说："我缺少德行，在很小的时候就主持国政了，却不能继承前代君主的余绪，还使楚国军队多次遭遇败仗，这是我的罪过啊。假若受祖宗的保佑，使我得以寿终正寝，我请求你们给我加上'灵'或'厉'的谥号。"大夫们答应了他的要求。等到楚恭王死后，大夫子囊说："不能遵从大王的遗命。侍奉国君的原则是：听从他正确的命令，而不服从他错误的命令。威名赫赫的楚国，自从大王君临朝政后，安抚征伐南方诸国，教化中原华夏诸国，可见受上天的恩宠很大。有这么大的恩宠，还能自知其过，难道不可以谥号为'恭'吗？"大夫们于是采纳了子囊的意见。这是由于有了过错反而有功业的例子。

◇原文

魏将王昶（chǎng）、陈泰兵败，大将军以为己过。习凿齿论曰："司马大将军引二败以为己过，过销而业昌，可谓智矣。夫民忘其败而下思其报，虽欲勿康，其可得乎？若乃讳败推过，归咎万物，上下离心，贤愚释体，是楚再败而晋再克，谬之甚矣。夫人君苟统斯理，行虽失而名扬，兵虽挫而战胜，百败犹可，况再败乎？"此因败以为功也。

故知智者之举事也，因祸为福，转败为功，自古然矣。

◇译文

三国时，曹魏的将军王昶、陈泰打了败仗，大将军司马懿却认为是自己的过错和责任。习凿齿评论说："司马大将军将两次失败的责任归于自身，不仅消除了过错，也使功业越加昌盛，这可以说是明智的人了。自此，人们忘记了他的失败，只想为他效力，即使并未想什么事业昌盛，又怎么能昌盛不起来呢？假如他们（楚恭王、司马懿）讳言失败，推卸责任，把错误和失败归咎于种种因素，就会使上下离心，贤愚解体，这样就会使楚国再次失败、晋国再次克敌制胜一样，那错误就更大了。假如国君通晓这个道理，即使行动失败而美名却可扬遍天下，军事上虽受了挫折，但战略上却取得了胜利，即使遭遇多次败仗也关系不大，何况只打了再次败仗呢？"这是由于失败反而成功的例子。

由此可知，明智的人办事往往能因祸得福，转败为胜，这是自古就有的道理啊。

◇变通智慧

坦然面对自己的失意

如果一个人在46岁的时候，因为一次意外事故被烧得不成人形，4年后的一次坠机事故又使腰中部以下全部瘫痪，他会怎么办？接下来，你能想象他变成百万富翁、受人爱戴的公共演说家、春风得意的新郎官及成功的企业家吗？你能想象他会去泛舟、玩跳伞、在政坛争得一席之地吗？

这一切，米歇尔全做到了，甚至有过之而无不及。在经历了两次可怕的意外事故后，米歇尔的脸因植皮而变成一块彩色板，手指没有了，双腿细小，无法行动，他只能瘫痪在轮椅上。第一次意外事故把他身上百分之六十五以上的皮肤都烧坏了，为此他动了16次手术。

手术后，他无法拿起叉子，无法拨电话，也无法一个人上厕所，但曾是海军陆战队队员的米歇尔从不认为自己被打败了。他说："我完全可以掌控自己的人生之船，那是我的浮沉，我可以选择把目前的状况看成倒退或是一个新起点。"6个月之后，他又能开飞机了！

米歇尔为自己在科罗拉多州买了一幢维多利亚式的房子，另外还买了其他房产、一架飞机及一家酒吧，后来他和两个朋友合资开了一家公司，专门生产以木材为燃料的炉子，这家公司后来变成佛蒙特州第二大私人公司。第一次意外发生后4年，米歇尔所开的飞机在起飞时又摔回跑道，把他胸部的12块脊椎骨压得粉碎，他永远瘫痪了。

米歇尔仍不屈不挠，努力让自己达到最大限度的自主。后来，他被选为科罗拉多州孤峰顶镇的镇长，保护小镇的环境，使之不因矿产的开采而遭受破坏。米歇尔后来还竞选国会议员，他用一句"不只是另一张小白脸"作为口号，将自己难看的脸转化成一项有利的资产。后来，行动不便的米歇尔开始泛舟。他坠入爱河且完成终身大事，他还拿到了公共行政硕士，并持续他的飞行活动、环保运动及公共演说。米歇尔坦然面对自己失意的态度使他赢得了人们的尊敬。

米歇尔说："我瘫痪之前可以做1万件事，现在我只能做9000

件，我可以把注意力放在我无法再做的1000件事上，或是把目光放在我还能做的9000件事上。告诉大家，我的人生曾遭受过两次重大的挫折，而我不能把挫折当成放弃努力的借口。或许你们可以用一个新的角度，看待一些一直让你们裹足不前的经历。你们可以退一步，想开一点，然后，你们就有机会说：'或许那也没什么大不了的！'"

月有阴晴圆缺，人生也是如此。情场失意、朋友失和、亲人反目、工作不得志……类似的事情总会不经意纠缠你，令你的情绪跌至低谷。其实，生活中的低谷就像是行走在马路上遇到红灯一样，不妨以一种平和的心态坦然面对，不妨利用这段时间休息、放松一下，为绿灯时更好地行走打下基础。

昏智

◇**题解**

"小事不糊涂之谓能，大事不糊涂之谓才。"但在现实生活中，聪明人也会被某种事物迷惑，一时失去心智。也许是因为财物、美色、利益和偏爱所致，想彻底抵御这些事物的诱惑，确实很难。为了避免陷入"昏智"，本篇从孔子、平原君、班固等人的事件以及吴越风俗上，阐述了避免"昏智"的方法，即"无私"。

◇**原文**

夫神者，智之渊①也，神清则智明。智者，心之符也，智公即心平。今士有神清智明而暗于成败者，非愚也，以声色、势利、怒爱昏其智矣。何以言之？

昔孔子摄鲁相，齐景公闻而惧，曰："孔子为政，鲁必霸。霸则吾地近焉，我之为先并矣。"犁且曰："去仲尼犹吹毛耳。君何不延②之以重禄，遗哀公以女乐？哀公亲乐之必怠于政，仲尼必谏，谏不听，必轻绝鲁。"于是选齐国中女子好者八十人，皆衣文绣之衣，而舞《康乐》③，遗鲁君。鲁君受齐女乐，怠于事，三日不听④政。孔子曰："彼妇人之口，可以出走。"遂适卫。此昏于声色者也。

◇**注释**

①渊：汇聚的地方。

②延：聘请。

③《康乐》：舞曲名。

④听：处理。

◇译文

　　精神是智慧的源泉，精神清爽则智慧明朗。智慧是心志的标志，智慧公正就表明心志平直。现在却有精神清爽、智慧明朗而不懂成败道理的人，不是因为他们愚蠢，而是音乐、美色、财物、利益、愤怒或偏爱弄昏了他们的心智。为什么这样说呢？

　　过去孔子曾代理鲁国的国相，齐景公听闻后很害怕，说："孔子当政，鲁国必将成为霸主。鲁国一旦成为霸主，我国离它最近，必然被它最先吞并掉。"犁且说："除去孔子就像吹动一根羽毛那么容易。你何不用重金聘请孔子来齐国，送美女和乐舞给鲁哀公呢？鲁哀公喜欢美女和乐舞，必然荒于国事，孔子必定劝谏，哀公不听他的劝谏，孔子必然离开鲁国。"于是在齐国挑选出八十名美女，都穿上漂亮的锦绣衣服，并教会她们《康乐》之舞，然后送给鲁哀公。鲁哀公接受了齐国的女乐后，果然荒于国事，三天没有上朝听政。孔子说："有了那些妇人在唱歌，我可以离开鲁国了。"于是前往卫国。这是被音乐和美色弄昏了心智。

◇原文

　　太史公曰："平原君，翩翩浊代之佳公子也，然不睹大体。语曰：'利令智昏。'平原君贪冯亭①**邪说，使赵陷长平四十余万，邯郸几亡。"**此昏于利者也。

◇**注释**

①冯亭：战国时期韩国将领。他率领上党郡投降赵国，引发秦、赵两国长平之战（今山西省高平西北）。赵国最终战败，四十余万降兵被活埋。

◇**译文**

司马迁说："平原君真是乱世中风度翩翩的公子，然而他不懂得大局。俗语说：'利令智昏。'平原君受冯亭邪说的诱惑，使赵国陷于长平，四十多万士兵被秦国坑杀，首都邯郸也险些被秦国攻破。"这是被利益弄昏了心智。

◇**原文**

《后汉书·班固传》评曰："昔班固伤司马迁云：'迁博物洽闻，不能以智免极刑。'然固身亦自陷大戮。可谓智及之而不能守。古人所以致论于目睫邪？"此昏于势者也。

◇**译文**

《后汉书·班固传》评论说："从前班固感伤司马迁，说：'司马迁知识广博，却不能凭借智慧避免腐刑。'可是班固自身也陷于大罪。这是智力上已经足够明晓其中的道理，但在行动上却不能恪守。这大概就是古人感叹目不见睫的原因吧。"这是被权势弄昏了心智。

◇原文

《尸子》曰："夫吴、越之国以臣妾为殉，中国闻而非之。及怒，则以亲戚殉一言。夫智在公则爱吴、越之臣妾，在私则忘其亲戚，非智损也，怒弇①之也。好亦然矣。语曰：'莫知其子之恶。'非智损也，爱弇之也。是故论贵贱、辩是非者，必且自公心言之，自公心听之，而后可知也。"

◇注释

①弇（yǎn）：覆盖；遮蔽。

◇译文

《尸子》说："吴、越等国用臣妾为君主殉葬，中原之地的国君听了这件事，便对吴越等国大加责难。等到他们愤怒时，却会因一句话而杀死自己的亲戚。智在公道，可以爱及吴、越等国的臣妾，由于私心则忘了被杀者是自己亲戚，这并非智力消退，而是被愤怒夺走了智慧。对漂亮的看法也是如此。有句话说：'父母不知道自己儿女的丑陋。'这并不是智力不够，而是被爱夺走了智慧。所以评论贵贱、明辨是非时，必须出自公心来说话，出自公心来倾听，然后才能弄明白事情。"

◇原文

故范晔曰："夫利不在身，以之谋事则智。虑不私己，以之断义则厉。诚能回观物之智，而为反身之察，则能恕而自鉴。"

◇译文

所以范晔说："利益不在自身，根据这个原则考虑事务便会明智。考虑不贪求利己，根据这个原则决断大事必然果决。真的将观察他人的智慧反转来对自身做考察，就能宽恕别人，并以此自鉴了。"

◇处世智慧

赵德昭拒位

公元979年初，宋太宗御驾亲征北汉，北汉皇帝刘继元走投无路，只好投降。面对这巨大的胜利，宋太宗心花怒放，难以自持，他不顾兵疲财缺的现状，主张乘胜伐辽，收回被辽占据的燕云十六州。

宋朝大将潘美反对此议，他恳切地对宋太宗说："我军大胜，此刻也不能志得意满，轻敌冒进。眼下尚需稳定形势，巩固胜果，士卒也需休整。"

宋太宗还没说话，总侍卫崔翰却越众而出，大声说："此乃天赐良机，岂可轻易放弃？陛下进兵之举甚合民心，必群起响应。我军又是得胜之师，其势难当，当无坚不摧，伐辽必有胜算。"

宋太宗本求胜心切，又听崔翰这样讲，便不再犹豫了，宋军遂大举北进。宋军快到高粱河时，遭到辽军的伏击，损失惨重，宋太宗也不知去向。

当时，宋太祖赵匡胤的长子、武功郡王赵德昭也随宋太宗亲征。他手下的将领猜测宋太宗不是被杀就是被俘，于是私下商议立赵德昭为帝。众将讨论过后，齐聚赵德昭的帐中，为首者当面劝赵德昭说："皇上失踪，想必已经蒙难。如今军心不稳，大敌当前，大王如不当机立断，承继大统，恐怕变乱不止。恭请大王迅速登上帝位，号召天下。"

赵德昭面对众将拥立，一时心动。他努力使自己镇静下来，没有轻言可否。想当初，宋太祖赵匡胤去世时，他没有把皇位传给自己的儿子赵德昭，却遵循母亲的遗命，让弟弟赵光义做了皇帝。这个事实曾让赵德昭心中郁闷，落落寡合。赵德昭的一位亲信劝他不可这样，这位亲信说："事已至此，大王纵有千般怨言，也无力回天了。大王现在的举动，皇上必定极为关注，皇上怎会容忍一个心怀不满的臣子呢？再说，大王当不上皇帝也未必就是坏事，只要大王参透荣辱，顺天应命，做个逍遥亲王也不会有什么不快。"

赵德昭不乏聪明，他一下领悟了亲信的真意，不觉为自己先前的失误暗自叫险。自此，他天天纵歌饮酒，对宋太宗极其恭敬，宋太宗对他并不怀疑，君臣相安无事，相处得十分融洽。

今日面对此变，赵德昭虽口里没有说什么，心里却是千回百转。他思忖这件事关系太大，万不可因贪求帝位而犯下致命之祸。他又想太宗虽是失踪，终究不能肯定他已蒙难，如果自己轻率即位，太宗又没死，太宗自是不能放过他了，如此自己和家人连性命都将不保。

此时，让人蠢蠢欲动的"帝位"在赵德昭心中成了一块烫手的山芋，他越想越怕，他先前的窃喜之情一扫而光。他决定以静制动，慎重行事，于是他故作生气之状开口说："皇上生死未明，大敌在侧，你们不思报国杀敌，却在这儿胡言乱语，动摇军心，这是忠臣所为吗？我是皇上臣子，誓死效忠皇上，岂能受你们唆使，干下这大逆不道之事？你们真是昏了头了！"

众将本想赵德昭定然接受，自己也可有拥立之功，飞黄腾达，等到赵德昭出言训斥，他们都瞠目结舌，不知如何应对。他们虽自称有罪，但心中怅然若失，面有不快之色。

见此情形，赵德昭为了安抚众将，不令他们疏远自己，他又低声说："你们的好意我心领了，可荣辱之事，岂可盲动？再说赵氏江山谁做皇帝都是一样，我岂能趁皇上危难而行其私呢？倘若皇上真的遭遇不幸，为了宋室江山，我还是不会令各位失望的。"

众将气消，皆服其义。第二天早上，宋太宗竟被杨业父子救回，安然无恙，众将又深服赵德昭慎重之行了。

人生在世，无人不求名与利。但是，这名利的背后往往隐藏着巨大的祸端，尤其是至尊的皇位，是无人不梦寐以求之物。在宋太宗失踪、生死未卜的情况下，赵德昭面对皇位的极大诱惑，怎么能不心动呢？但是，他也想到了这件事的玄妙，如果宋太宗真的是死了，他就可以顺水推舟，坐上九五之尊的龙椅；但是如果宋太宗活着回来呢，那么他的轻举妄动无异于引火自焚，这事情的关键就在于宋太宗现在的情况是生死未明，这一不确定性最终让赵德昭打消了铤而走险的念头，宁可安分守己，也比犯下篡位之大罪，人头落地来得好啊。所以，他的这种宠辱不惊的态度实在是一种最安稳的自保之策。

善 亡

◇题解

古人说："莫以善小而不为，莫以恶小而为之。"生存于世，要以善良之心对待周围的人或事。一些人认为，做善事未必会得到善报，做恶事未必会得到恶报。这种观点无疑是短视的。本篇从长远的角度论述了善与恶，表达了善与恶要积累到一定程度，自然会得到各自不同的报应，从而倡导人们要正确看到善与恶，切不可产生盲目偏激的观点。

◇原文

《易》曰："积善之家，必有余庆。"又曰："善不积不足以成名。"何以征其然耶？

孟子曰："仁之胜不仁也，犹水之胜火也。今为仁者，犹以一杯水救一车薪之火，火不熄则谓水不胜火，此又与于不仁之甚者也。又五谷，种之美者，苟为不熟，不如稊稗①。夫仁亦在熟之而已矣。"

《尸子》曰："食所以为肥也。一饭而问人曰：'奚若②？'则皆笑之。夫治天下，大事也。譬今人皆以一饭而问人'奚若'者也。"

◇注释

①稊稗（tí bài）：一种形似谷的草。

②奚若：怎么样。

◇译文

《易经》上说："积善的人家，必然会有善报。"又说："不积善就不能够成名。"如何证明这种说法呢？

孟子说："仁者战胜不仁者，正像水可以扑灭火一样。如今行仁的人，就像用一杯水来扑灭一车木柴的火焰，火焰不熄灭，便说水不能扑灭火，这和用一点仁爱去消除不仁是同样的道理。又如五谷的品种很好，假如没有成熟，那还不如稊稗的种子。所以，仁爱也在于是否成熟啊！"

《尸子》说："吃饭是为了肥胖。假如只吃一顿饭，就问别人说：'怎么样，我胖了吗？'那么大家都会耻笑他。治理天下是重大的事情，不是一朝一夕可以看到成效的。就像现在有人吃了一顿饭，就问别人'我胖了吗'一样。"

◇原文

由是观之，故知善也者，在积而已。今人见徐偃亡国①，谓仁义不足杖也；见承桑失统②，谓文德不足恃也。是犹杯水救火、一饭问肥之说，惑亦甚矣。

◇注释

①徐偃（yǎn）亡国：徐偃，指徐偃王，西周时徐戎（徐国）国君。周穆王末年，徐偃王好行仁义，前来归顺的东夷国家有四十多个。周穆王巡视各国，命令楚国袭击徐国，杀了徐偃王，徐国至此灭亡。

②承桑失统：承桑，古国名。其国君修德废武，最终导致灭亡。

◇译文

由此看来，善德在于持续的积累。现在有人看到古代徐偃王讲仁义却亡了国，就认为仁义不值得依仗；看到古代承桑国国君讲文德而灭国，就认为文德不值得依仗。这就像用一杯水救火、吃一顿饭就问人"我胖了吗"一样，真是太糊涂了。

◇处世智慧

善良是人生最美的修行

法国作家罗曼·罗兰说："善与恶在川流中是混杂的。但是，每个人都在他的生活过程中改造自己的血液。"在这个复杂的社会中，一些不好的事情的发生总会让我们产生好人难做的心理。见得多了，受伤害多了，内心的善良就逐渐冷却了。然而，这个社会从来都不是冷漠和无情的，一些善良的举动会不时出现，一些好人好事也时常会让我们感动落泪。因为善良，我们的生活有了温暖的阳光；因为善良，拉近我们与他人之间的距离；因为善良，我们在危难时刻才会得到援手和帮助。

在美国的一次经济大萧条中，90%的中小企业都倒闭了，一个名叫克林顿的人开的齿轮厂的生意也一落千丈。克林顿为人宽厚善良，慷慨大方，交了许多朋友，并与客户保持着良好的关系。在这举步维艰的时刻，克林顿想要找那些朋友、老客户出出主意、帮帮忙，于是就写了很多信。可是，等信写好后他才发现：自己连买邮票的钱都没有了！

这同时也提醒了克林顿：自己没钱买邮票，别人的日子也好不到哪里去，怎么会舍得花钱买邮票给自己回信呢？可如果没有回信，谁又能帮助自己呢？

于是，克林顿把家里能卖的东西都卖了，用一部分钱买了一大堆邮票，开始向外寄信，还在每封信里附上2美元，作为回信的邮票钱，希望大家给予指导。他的朋友和客户收到信后，都大吃一惊，因为2美元远远超过了一张邮票的价钱。每个人都被感动了，他们回想起了克林顿平日的种种好处和善举。

不久，克林顿就收到了订单，还有朋友来信说想要给他投资，一起做点什么。克林顿的生意很快有了起色。在这次经济大萧条中，他是为数不多渡过难关而且有所成的企业家。

克林顿的故事，无疑让我们体会到了善良与友情的珍贵，但是善良不是一时的，而是需要我们日常的真诚相待，需要我们的相互理解和谦让，学会主动站在对方的角度思考，这样才会用善良换来真正的友情，才会在陷入困境时获得最有力的帮助。

人生的未来，总是充满了未知；每个人也都难以做到完美无瑕。但是，要始终相信善良的温度和无限力量，它能改变自我、改变他人，营造好的和谐氛围，能让我们生活在充满爱的世界。卢梭说：“善良的行为有一种好处，就是使人的灵魂变得高尚了，并且使它可以做出更美好的行为。”善良是人们精神世界的最高信仰，以善良为伴，将是人生路上最好的修行。

诡 俗

◇题解

古谚语说："良药苦口利于病，忠言逆耳利于行。"人们都能明白其中的要义和道理，但真正能将其奉为行事准则，却也并非易事。本篇中韩非子列举了八条社会弊端，分门别类地阐述了世俗的好恶和痼疾，细细品鉴，不难悟出其中的忠戒，让人获得警醒。

◇原文

夫事有顺之而为失义，有爱之而为害，有恶于己而为美，有利于身而损于国者。何以言之？

刘梁[1]曰："昔楚灵王骄淫，暴虐无度。芋尹申亥从王之欲，以殡于乾溪[2]，殉之以二女。此顺之而失义者也。鄢（yān）陵之役，晋、楚对战。谷阳献酒，子反以毙。此爱之而害者也。

臧武仲曰：'孟孙之恶我，药石也。季孙之爱我，美疢[3]也。疢毒滋厚，药石犹生我。'此恶之而为美者也。"

◇注释

①刘梁：东汉人，他是建安七子之中刘桢的祖父，官拜尚书令、野王令。

②乾溪：古地名，今为安徽亳州。

③疢（chèn）：热病，也泛指疾病。

◇译文

世上的事情，有顺着行事却违背道义的，有爱他却反而害了他的，有自己感到厌恶却对自己有好处的，有利于自己却损害国家的。为什么这样说呢？

刘梁说："过去楚灵王骄奢淫逸，暴虐无度。芋尹申亥遵照楚灵王的意愿，将他葬在了乾溪这个地方，并用两个女子殉葬。这是顺着行事反而有违道义的。鄢陵之战，晋、楚两国交兵。楚国统帅子反的仆人谷阳竖给他敬酒，子反因醉酒导致楚军大败，楚王逼令子反自杀。这就是因为爱他却反而害了他。

臧武仲说：'孟孙厌恶我，那是良药和针石啊。季孙喜欢我，但那是美丽的病毒啊。病毒再厉害，良药和针石尚能把我救活。'这就是厌恶他反而对他有好处的道理。"

◇原文

韩子曰："为故人行私，谓之不弃；以公财分施，谓之仁人；轻禄重身，谓之君子；枉法曲亲，谓之有行；弃官宠交，谓之有侠；离俗遁世，谓之高慜①；交争逆令，谓之刚材；行惠取众，谓之得人。不弃者，吏有奸也；仁人者，公财损也；君子者，人难使也；有行者，法制毁也；有侠者，官职旷也；高慜者，人不事也；刚材者，令不行也；得人者，君上孤也。此八者，匹夫之私誉，而人主之大败也。"

由是观之，夫俗之好恶，与事相诡，唯明者能察之。

◇注释

①悫：诚实，谨慎。

◇译文

韩非子说："为老朋友徇私舞弊的，称之为不抛弃朋友；把公家财产分给他人的，称之为有仁心；轻视官职俸禄而看重自我生命的，称之为君子；违背法律而庇护亲人的，称之为有德行；抛弃官职而包庇朋友的，称之为有侠肝义胆；逃离世俗而隐居起来的，称之为诚谨；互相争斗而违抗命令的，称之为刚烈；施些恩惠以收买人心的，称之为得人。不抛弃老朋友的官吏，一定有奸私；所谓有仁心的，公家的财物却受到了损失；所谓的君子，国家难以使令他；所谓的有德行，法制就会被毁掉；所谓的有侠肝义胆，就会使官位出现空缺；所谓的诚谨，就是使人别做事；所谓的刚烈，就会使上级的命令得不到执行；所谓得人，就会使君主处于孤立的境地。这八种称誉，实际上是老百姓的私誉，是对君主利益的极大破坏。"

由此看来，世俗的好恶往往与事理相反，只有明智的人才能体察到这个道理。

◇处世智慧

最好的礼物是忠言

在生活中，有一个现象：越是美味可口的食物，可能越不利于健康，而越是口味寡淡的食物，反而越有营养。这不禁让我们联想到"良药苦口，忠言逆耳"这句话。古往今来，无数因拒绝忠言而败得一塌糊涂的人不在少数，无数广开言路而成就伟业的人亦有之。尽管道理清楚，但真正要做到这一点也并非易事。正所谓："良药苦口，惟疾者能甘之；忠言逆耳，惟达者能受之。"

春秋末期，吴王夫差继位后，打败了敌对国家越国，越王勾践投降。吴国大臣伍子胥认为这是消灭越国的最好机会，于是提出了"联齐灭越"的主张。但此时的夫差听信伯嚭的谗言，根本不听伍子胥的建议，反派伍子胥出使齐国。伍子胥很是绝望，他对儿子说："我多次规劝大王，大王却不采纳我的意见，我已看到吴国的末日了。你与吴国一起灭亡，没有好处啊！"于是，伍子胥将儿子托付给齐国的鲍牧，独自回吴国向夫差汇报。

此时，奸臣伯嚭看到了扳倒伍子胥的机会，就在夫差面前诬陷伍子胥有谋反之心。夫差听后很是愤怒，便下令赐死伍子胥。蒙受冤屈的伍子胥仰天长叹，说道："奸臣作乱，大王反而杀我。我助你的父亲称霸诸侯，又与先王冒死力争，立你为太子。你被立为太子后，想将吴国分一半给我，但我并不敢有奢望。可是如今你竟听信奸佞小人的谗言而杀害长辈。"伍子胥愤恨之余，留下遗言，要家人在他死后把他的眼睛挖出，挂在东城门上，亲眼看着越国军队灭掉吴国。吴王夫差大怒，竟将伍子胥的尸首抛于钱塘江中。后来，吴国果然被越国所灭，吴王夫差此时才恍然醒悟，只能惭愧地举剑自尽，吴国也就此灭亡了。

吴王夫差不仅不听忠言，反而残害忠良，最终只落得人亡国破，留下历史的无尽悲叹。这也给了我们警醒：面对问题，切勿只喜欢听顺耳之词，并根据自己的喜好行事。要懂得"兼听则明，偏信则暗"的古人教诲。

秦朝末年，刘邦率领军队攻占了咸阳。当他看到秦王宫殿华丽非凡，宝物数不胜数，嫔妃美若天仙，刘邦瞬时起了贪图之心。刘邦的部将樊哙注意到刘邦的心理变化，问他说："沛公是想拥有天下呢，还是仅仅希望当一个富翁？"

刘邦回答说："我自然想要得天下。"

樊哙接着说："臣走进秦宫里，看到了无数的珍奇财宝，数以千计的美人，这些都是致使秦朝灭亡的东西啊，希望沛公马上返回灞上，万万不可留此。"刘邦听了，很是不悦，甚至想要住在宫中。

谋士张良听说后，对刘邦说："秦王荒淫无道，百姓才会造反。现在您为天下百姓除掉了害民的暴君，本当克勤克俭，不应该贪图享乐。俗语说：忠诚正直的劝告一般听起来不舒服，却有利于行为；好药一般很苦，却有利于疾病。希望沛公三思，听从忠告。"刘邦听完，很是触动，随即关上宫门，率领众将士返回灞上。正因为刘邦能听忠言、识大体，才有更多的有才之人辅佐他，并最终夺得天下。

过而不能知，是不智也；知而不能改，是不勇也。人不可能不犯错，也不可能始终完美，这是人之常态。但是如果能做到直面错误，善于听信忠言，并积极纠正自我问题，无疑是清醒的、明智的，也会让自己避开祸患，不断成就成功的自己、优秀的自己。毕竟，谁的人生不是在曲折的探索中前行？

❀ 息 辩 ❀

◇**题解**

对一个人的了解，绝不能仅听其言，就盲目信任。最好的方法是：不仅要听其言、还要观其行、窥其德，通过他的实际行动来看其才能、德行如何。在中国历史上，君主因为听信谗言而导致忘国的，不乏其例。因此，本篇从正反两面论述了识人看人的方法，这对于现实中的选人用人很有借鉴作用。

◇**原文**

《中论》①曰："水之寒也，火之热也，金石之坚刚也，彼数物未尝有言，而人莫不知其然者，信著乎其体。"故知行有本，事有迹。审观其体，则无所审情。

◇**注释**

①《中论》：东汉徐幹的著作。内容主要为阐明儒家经义。

◇**译文**

《中论》说："水是凉的，火是热的，金石是无比坚硬的，这几种东西从来没有自己标榜，可是人们没有不了解它们内在性质的。这是因为它的标记就附在它自身上面。"由此可知，立身是有根本可察的，做事是有迹象可寻的。只要仔细观察，那就无法掩饰住其真相了。

◇原文

何谓行本？孔子曰："立身有义矣，而孝为本；丧纪有礼矣，而哀为本；战阵有列矣，而勇为本。"太公曰："人不尽力，非吾人也；吏不平洁爱人，非吾吏也；宰相不能富国强兵，调和阴阳，安万乘之主，简练群臣，定其名实，明其赏罚，非吾宰相。"此行本者也。

◇译文

什么叫立身的根本呢？孔子说："立身有固定的准则，而孝敬父母就是根本；丧葬有固定的礼仪，哀痛是根本；战阵有固定的排列方式，以勇敢为根本。"姜太公说："百姓不尽力做事，就不是我的百姓；官吏不公平廉洁、爱护百姓，就不是我的官吏；宰相不能富国强兵，调合阴阳四时，使国君安居王位，不能选拔训练群臣，使其名实相符、法令彰明、赏罚得当，就不是我的宰相。"这就是立身的根本。

◇原文

何谓事迹？昔齐威王召即墨大夫而语之曰："自子之居即墨也，毁日至。然吾使人视即墨，田野辟，人民给，官无留事，东方以宁。是子不事吾左右以求誉也。"封之万家。召阿①大夫而语之曰："自夫子之守阿也，誉日闻。然吾使人视阿，田野不辟，人贫苦。赵攻甄②，子不能救。卫取薛陵③，子不能知。是子常以币事吾左右以求誉也。"是日烹阿大夫及左右常誉之者。齐国大理。

◇注释

①阿：战国齐邑。即今山东省东阿县。

②甄（zhēn）：地名。今山东省鄄城北旧城。

③薛陵：战国时齐邑。即今山东省阳谷县。

◇译文

什么叫做事的迹象呢？从前齐威王召见即墨大夫，语重心长地对他说："自从你到了即墨做官以来，每天都有说你坏话的人。可是我派人去巡视即墨，看到荒地都被开垦出来了，百姓自给自足，官府没有积压的工作，东方一带因此宁静安定。这是因为你没有收买我身边的亲信以求得荣誉啊。"于是将万家封给他。又召见东阿大夫，对他说："自从先生做了东阿太守，每天都有人说你的好话。然而我派人巡视东阿，发现到处荒芜，百姓贫苦。赵国攻打甄城，你没能救助；卫国攻取薛陵，你竟然不知道。这是你常用钱收买我身边的亲信以求得荣誉啊。"当天，便烹杀了东阿大夫和身边亲信中说东阿大夫好话的人。齐国因此而被治理得井井有条。

◇原文

汉元帝①时，石显专权。京房②宴见，问上曰："幽、厉之君何以危？所任者何人也？"上曰："君不明而所任巧佞。"房曰："知其巧佞而用之也，将以为贤？"上曰："贤之。"房曰："然则今何以知其不贤也？"上曰："以其时乱而君危知之。"此事迹者也。

◇注释

①汉元帝：即刘奭（shì），西汉皇帝。在位期间，因为宠信宦官，导致皇权势微，朝政混乱不堪，西汉由此走向衰落。

②京房：西汉时期今文易学的开创者。

◇译文

汉元帝时，大臣石显专权，京房私下觐见皇帝，问汉元帝说："周幽王和周厉王时，国家为什么会陷入危机呢？他们信任的是些什么人呢？"汉元帝说："君主不英明，信任的都是些机巧奸诈的人。"京房说："是明知他们机巧奸诈还要任用他们呢，还是认为他们是贤才呢？"汉元帝说："是认为他们是贤才。"京房说："如今根据什么知道他们不是贤才呢？"汉元帝说："根据那时社会的混乱和君主受到危险的情况知道的。"这就是凡事必有迹象显露出来的道理。

◇原文

由是言之，夫立身从政皆有本矣。理乱能否皆有迹矣。若操其本行，以事迹绳之，譬如水之寒、火之热，则善恶无所逃矣。

◇译文

由此说来，无论是立身还是从政，都有一个根本的准则。政治清明或昏乱，以及人是否有才能，都会有迹象表现出来。如果能把握住根本，以办事的迹象作为考核的依据，那么就如水是凉的、火是热的一样，人的善恶就无法隐匿了。

◇管理智慧

楚庄王的三年韬晦路

春秋时期，楚庄王在最初即位的三年里，从不过问朝政，日夜沉浸在田猎与酒色歌舞之中，甚至贴出布告："胆敢向我提意见的人，立即斩首，绝不宽恕。"其时，邻国不断前来侵犯，国内的许多大臣也贪赃枉法，玩忽职守，正是内忧外患之时。一些忠于国事的大臣很是忧虑。可是面对如此昏庸之君，无人敢进谏。

当然这里并不包括那些正直忠诚的大臣们，当时楚大夫伍举看到朝政日益腐败，心中异常着急，冒死进宫求见楚庄王。此人个子不高，但语言机智而又风趣。他知道，如果直接向楚庄王提出看法，必然会碰钉子，便想了个巧妙的办法。

伍举来到宫中，只见楚庄王美人在怀，正在调笑饮酒，殿上乐队鼓乐齐鸣，好不热闹。楚庄王看见伍举来了，笑着说："你是来喝酒的，还是来听音乐的？"伍举说："都不是。我有一件事不明白，特地来请教大王。"

楚庄王问："什么事？"

伍举说："南山上飞来一只大鸟，已经三年不飞也不叫，不知是什么原因，也不知道这是只什么鸟。"

　　楚庄王说："这不是一只平凡之鸟。它三年不飞，一飞必定冲上云霄；它三年不叫，一叫就会惊人。你下去吧，你的意思我已经明白了。"

　　数月之后，楚庄王仍不改逸乐故态，不仅不改，且愈加荒淫无度。另一位大夫苏从认为这样继续下去，后果将不堪设想。他决心不用伍举委婉的劝谏方式，进宫直截了当地劝说楚庄王。

　　楚庄王说："你没有见到我颁布的命令吗？"

　　苏从说："见过。但我身为国家重臣，享受着国家的俸禄。如果贪生怕死而不敢指出君王的过失，那就不是忠臣。如果我的死能促使君王清醒过来，那我愿意一死。"

　　此语一出，楚庄王猛然起立，撤去歌舞乐队，立即临朝听政。他从此重用伍举和苏从二人，并经过调查核实，把在这三年中趁机营私舞弊的几百名官员尽数清除，把忠于职守的几百人予以提拔。楚庄王亲政以后，政治清明，百姓安居乐业。就在这一年，楚庄王兴兵灭庸（今湖北竹山）。不久又起兵攻宋，缴获战车五百辆之多。楚国迅速强大起来。

　　识时务者为俊杰，有大志成大器者，善于寻找机会，待机而动。楚庄王蛰伏的这三年时间，他并没有因享乐而迷失本性，只是装作沉迷逸乐，以便观察下属们的真心，选用真正忠心而又有才德的人来辅佐朝政。待三年一过，条件成熟，静极而动，一飞冲天。他用"三年不飞不鸣"的韬晦之术，在沉潜中养精蓄锐，创下一代伟业，值得现代人思考与借鉴。

量 过

◇**题解**

每个人都会犯错误，但犯错的大小以及性质却不同。很多时候，对于优秀的贤才往往要求很严格，而对于普通人则予以宽容。在本篇中，孔子之所以对管仲的作为小看，完全是因为把管仲当成能臣贤才。当然，对于普通人的错误，如果以要求贤人的标准去批评，就不妥了。

◇**原文**

孔子曰："人之过也，各于其党，观过斯知仁矣。"何以言之？太史公云："昔管仲相齐，九合①诸侯，一匡②天下。然孔子小之曰：'管仲之器小哉！'岂不以周道衰，桓公既贤，而不勉之至王，乃称霸哉？"

◇**注释**

①合：聚合，聚集。

②匡：纠正。

◇**译文**

孔子说："人们所犯的错误类型不一，仔细观察一个人所犯的错误，就知道他是怎样的人了。"为什么这样说呢？司马迁说：

"过去管仲辅佐齐桓公，九次主持与诸侯的会盟，消除混乱局面并使天下安定下来。可孔子还是小看他，曾说：'管仲的器量很小呀！'因为他没有在周王室衰微、齐桓公是贤主的情况下，辅佐齐桓公成就王业，却只成就了霸业。"

◇原文

虞卿说魏王曰："夫楚亦强大矣，天下无敌，乃且攻燕。"魏王曰："向也子云天下无敌，今也子云乃且攻燕者，何也？"对曰："今谓马多力则有之矣，若曰胜千均①则不然者，何也？夫千钧非马之任也。今谓楚强大则有矣，若夫越赵、魏而开兵于燕，则岂楚之任哉？"

◇注释

①均：古代的一种重量单位，三十斤为一钧。

◇译文

虞卿在游说魏王时，说："楚国可是非常强大的，可以说是天下无敌，并即将攻打燕国。"魏王说："你刚才说楚国天下无敌，现在又说将要攻打燕国，为什么这样说呢？"虞卿回答说："现在有人说马很有力气，这是对的，但假如有人说马能驮动千钧的东西，这是不对的。为什么呢？因为千钧之重，不是马能驮动的。现在说楚国强大是对的，假如说楚国能够越过赵国和魏国去攻打燕国，那岂是楚国能做到的吗？"

◇原文

由是观之，夫管仲九合诸侯，一匡天下，而孔子小之；楚人不能伐燕，虞卿反以为强大、天下无敌，非诡议也，各从其党言之耳。不可不察。

◇译文

由此看来，管仲九次主持诸侯会盟，使天下得以安定，而孔子还小看他；楚国不能越过赵国、魏国去攻打燕国，虞卿反而认为楚国强大、天下无敌，这并不是不负责的说法，而是根据他们各自品类来说的。这是不能不弄清楚的。

◇处世智慧

容人小过，不念旧恶

古人说，"水至清则无鱼，人至察则无徒"。如果一个人要求与他交往的人都像天使一样纯洁，那他只能与上帝一起生活了。有句话说得好："人无完人，孰能无过？过而能改，善莫大焉。"人不是圣人，谁都会犯错，只要不是一些原则性的大错，我们就没有必要太过计较。何必因为一些鸡毛蒜皮的小事而生气烦心呢？糊涂点才是真聪明。

西汉宣帝时的丞相叫丙吉，他有一个车夫很好喝酒，醉酒后常有行为不检点的地方。有一次，车夫酒后为丙吉驾车，结果呕吐起来，弄脏了车子。丞相的属官为此骂了他一顿，并要求丙吉将此人撵走。丙吉说："何必呢！他本是一个不错的驭手，现在因为饮酒的过失被撵走了，谁还会再雇用他呢！那叫他以后怎么办！就容忍了吧，况且，也不过就是弄脏了我的车垫子罢了。"于是继续让他驾车。

这个车夫的家在边疆地区，经常有关于边疆情况的消息。一次他外出，正巧碰上驿站上来了个从边郡往京城送紧急文件的使者，他就跟随到皇宫正门负责警卫传达的公车令那里去打听，知道是匈奴侵犯云中郡和代郡等地。

他马上赶回相府，将情况报告给丙吉，并建议道："恐怕在匈奴进犯的边境地区，有一些太守和长吏已经老病缠身，难以胜任用兵打仗之事了，丞相是否预先查验一遍，也好有个准备。"丙吉听了，觉得车夫的想法很对，到底家在边境的人对这些事就考虑得特别细致，于是就召来属吏有司，让他们立即统计有关人员情况，做到对边境官员有比较充分的了解。

不久，汉宣帝召见丞相和御史大夫，询问遭匈奴侵犯的边境守将情况，丙吉当下一一对答如流，而御史大夫仓促间哪能回答得出，皇帝见他那副吞吞吐吐的窘态，大为生气，狠狠地加以责备，而对丙吉则大加赞扬，称许他能时时忧虑边境事务，忠于职守。其实，皇帝哪里知道这全是车夫的提醒之功啊！

军国大事本不是车夫所长，丙吉在朝也难以想到边区的具体状况。只因容人小过，却意外收到了如此有利的效果。看来，关键就在于在车夫身上所表现出来的化短为长的力量的作用。

可见，容忍别人的小过失，他必将以自己的一技之长来酬答；宽大自己的仇人，他有可能会尽力回报你。只因为要报答恩人的感情激荡在胸中，所以他一有机会就跃跃欲试，他的才干一受到激励就会尽量发挥。

郭进任山西巡检时，有个军校到朝廷控告他，宋太祖召见了那人，审讯后知道是诬告，就将他押送回山西，交给郭进，让郭进亲自处置他。当时正赶上北汉国入侵，郭进就对那人说："你竟敢诬告我，确实还有点儿胆量。现在我赦免你的罪过，如果你能出其不意，消灭敌人，我将向朝廷推荐你。如果你被打败了，就自己去投河，不要弄脏了我的剑。"那个军校在战斗中奋不顾身，英勇杀敌，居然打了大胜仗，郭进就向朝廷推荐了他，使他得到提升。

容人小过，不仅因为多数人或迟或早会有这样那样的过失、短处，而且还因为除了不可救药的人，都可以做到"过而能改"，并不自甘堕落。换言之，容人小过，也是在为"过而能改"的人创造改过的条件。这样才能获得别人的尊重。容人小过，不念旧恶，这也是我们每个人都应该遵守的一条社交法则。

定 名

◇题解

本篇对古代社会伦理关系中最重要的一些范畴，如道、德、仁、义、礼、智、信、忠、顺；对负面的范畴，如暴、虐、狂、恶、险、逆等，一一做了明确的界定。在界定时，不主一说，而是博采百家，这样就能获得更为广泛的认可，从而使我们在社会实践中有了可遵循的准则。

◇原文

夫理得于心，非言不畅；物定于彼，非名不辩。言不畅志，则无以相接；名不辩物，则识鉴不显。原[1]其所以，本其所由，非物有自然之名、理有必定之称也。欲辩其实，则殊其名；欲宣其志，则立其称[2]。故称之曰：道、德、仁、义、礼、智、信。

◇注释

①原：追本溯源。

②称：称谓，范畴。

◇译文

让人们内心明白某种道理，如果不借助语言，就不能把这道理表达清楚；把事物的本质确定下来，但不借助名称，就无法把它与别的事物区别开。不借助语言表达自己的想法，就无法与别人很好地交流；不借助名称来辨别事物，就不能显现你对事物本质的认识。如果能推本溯源，并非事物本来就有自然的名称，也并非道理本来就有固定的范畴。想要区别事物的本质，就必须为它们规定不同的名称；想要传达你内心的想法，就必须确立一定的范畴。所以说才有了道、德、仁、义、礼、智、信等范畴。

◇原文

夫道者，人之所蹈①也。居知所为，行知所之，事知所乘②，动知所止，谓之道。德者，人之所得也。使人各得其所欲，谓之德。仁者，爱也。致利除害，兼爱无私，谓之仁。义者，宜也。明是非，立可否，谓之义。礼者，履③也。进退有度，尊卑有分，谓之礼。智者，人之所知也。以定乎得失是非之情，谓之智。信者，人之所承也。发号施令，以一人心，谓之信。见本而知末，执一而应万，谓之术。

◇注释

①蹈：遵循。

②事知所乘：办事知道所凭借的条件。乘，趁着，凭借。

③履：执行，实行。

◇译文

道，就是人必须要遵循的规律。坐在那时知道自己将要做什么；出行时知道自己将要去哪里；办事时要知道所凭借的条件是什么；行动时要知道什么时候该停止。这些就称之为道。德，就是人所能得到的。能够使人们各自得到想要的东西，就是德。仁，就是爱。得到利益而去除祸害，做到博爱无私，就是仁。义，就是合宜。能够明确是非，清楚什么是肯定与什么是否定，就是义。礼，就是人履行的方式。进或退须有一定的规范，对尊卑、长幼、上下、贵贱要有所区分，就是礼。智，就是人们的知识。用来判断得失、是非等的能力，就是智。信，就是人们的承诺。发号施令，将人们的意志统一，就是信。看到事物的根本，就能预知它的结局，抓住一端就能应对变化无常的万端事情，就是术。

◇原文

《说苑》①曰："从命利君，谓之顺；从命病君，谓之谀②；逆命利君，谓之忠；逆命病君，谓之乱。君有过失，将危国家，有能尽言于君，用则留，不用则去，谓之谏；用则可，不用则死，谓之诤；能率群下以谏于君，解国之大患，除国之大害，谓之辅；抗君之命，反君之事，安国之危，除主之辱，谓之弼（bì）。"

◇注释

①《说苑》：古代杂史小说集，西汉刘向著。全书记述了春秋战国至汉代的遗闻轶事，主要体现了儒家的哲学思想、政治理想以及伦理观念。

②谀：谄媚，奉承。

◇译文

《说苑》中说："听从君主的命令，能有利于君主，称为顺；听从君主的命令，却对君主有害，称为谀；违背君主的命令，却对君主有利，称为忠；违背君主的命令，却不利于君主，称为乱。君主有了过错，即将威胁到国家的根本利益，臣子这时要敢于直谏，陈述忠言，君主采纳意见就留下来继续为官，不采纳意见便辞官归家，这是谏臣；采纳自己的意见便罢，不采纳自己的意见便以死明志，这是诤臣；能够带领群臣积极向君主进谏，解除国家大患并铲除国家大害的，这是辅臣；敢于违抗君主错误的命令，改变君主的行事，使国家摆脱危难并安定下来，消除了君主的耻辱，这是弼臣。"

◇原文

《庄子》曰："莫之顾而进，谓之佞；俙①意导言，谓之谄；不择是非而言，谓之谀；好言人恶，谓之谗；称誉诈伪，以败恶人，谓之慝②；不择善否，两容颜适，偷拔其所欲，谓之险。"

古语曰："以可济否，谓之和；好恶不殊，谓之同；以贤代贤，谓之夺；以不肖代贤，谓之伐；缓令急诛，谓之暴；取善自与，谓之盗；罪不知愆，谓之虐；敬不中礼，谓之野；禁而不止，谓之逆；禁非立是，谓之法；知善不行，谓之狂；知恶不改，谓之惑。"

太公曰："收天下珠玉、美女、金银、彩帛，谓之残；收暴虐之吏，杀无罪之人，非以法度，谓之贼；贤人不至，谓之蔽；忠臣不至，谓之塞；色取人而实远之，谓之虚；不以诚待其臣，而望其臣以诚事己，谓之愚；分于道，谓之性；形于一，谓之命；凡人函五常之性，而刚柔、缓急、音声不同，系水土之气，谓之风；好恶、取舍、动静无常，随君上之情欲，谓之俗。"

◇注释

①俙（xī）：解。

②愿：把真心隐藏起来，存有邪念。

◇译文

《庄子》说："什么都不顾及，而是一味求进，称为佞；洞察君主的好恶然后顺其说话，就是谄；说话时不辨是非，而是一味遵从，就是谀；经常说别人的坏话，就是谗；假装称誉别人，实际上希望别人倒霉，就是愿；不辨善恶，对此都表现出和颜悦色的样子，却偷偷地盗取自己想要的东西，就是险。"

古语说："用可行的方法补救不可行的方法，就是和；对自己喜欢或憎恶的事物，一概不表示反对，就是同；用贤才取代贤才，就是夺；用没才能的人取代有才能的人，就是伐；法令本来宽缓，可是定罪却很刻薄，就是暴；把好东西都窃为己有，就是盗；自己有罪却不思改过，就是虐；态度恭敬却不符合礼数，就是野；明知有禁令也不停止自己的行为，就是逆；禁止错误的而树立正确的，就是法；知道是善事却偏偏不去做，就是狂；明知做了恶事却不悔改，就是惑。"

姜太公说："敛取天下的珠玉、美女、金银、彩缎，就是残；收用暴虐的酷吏，滥杀无罪的人，完全漠视法度，就是贼；贤才不来报效朝廷，就是蔽；忠臣不来报效朝廷，就是塞；表面上用仁爱取信于人，而实际上背离仁爱很远，就是虚伪；不以诚心对待臣子，却希望臣子以诚心侍奉自己，就是愚蠢；从大道分离出来的，就是个性；受后天的影响而逐渐确定下来的，就是命；凡是人都有金木水火土五种秉性，但不同地方的人却有刚、柔、缓、急、音、声的差别，这是与水土之气有很大关系的，这就是风；好恶、取舍、动静都是变化无常的，如果一切行动都以君主的情趣爱好为准则，这就是俗。”

◇原文

或曰：“乐与音同乎？”对曰：“昔魏文侯问子夏曰：‘吾端冕①而听古乐，唯恐卧。听郑、卫之音，则不知倦。敢问古乐之如彼，新乐之如此，何也？’子夏曰：‘今君之所问者乐也，所好者音也。夫乐者，与音相近而不同。’文侯曰：‘敢问何如？’子夏曰：‘夫古乐者，天地顺而四时当，民有德而五谷昌，疾疫不作而无妖祥，此之谓大当。然后圣人为父子君臣，以为之纪纲。纪纲既正，天下大定。天下大定，然后正六律②，和五声③，弦歌诗颂，此之谓德音，德音之谓乐。’《诗》云：‘莫④其德音，其德克明。克明克类，克长克君。王此大邦，克顺克比。比于文王，其德靡悔。既受帝祉，施于孙子。’此之谓也。今君之所好者，溺音乎！郑音好滥，淫志也；宋音燕安⑤，溺志⑥也；卫音趋数，烦志也；齐音傲僻，骄志也。四者皆淫于色而害于德，是以祭祀弗用。’”此音、乐之异也。

◇注释

①冕：古代帝王、诸侯所戴的礼帽。

②六律：古代乐音标准名，即黄钟、太蔟、姑洗、蕤宾、夷则、无射。

③五声：指宫、商、角、徵、羽五个音。

④莫：通"寞"，清静的意思。

⑤燕安：安逸闲适。

⑥溺志：使心志沉湎其中。

◇译文

有人问："乐和音相同吗？"回答说："从前魏文侯曾问子夏说：'我将帽子戴得很端正地来听古乐，只怕卧倒。在听郑、卫之音时，则丝毫不知道疲倦。请问，古乐是那样，而新乐却是这样的，这是为什么呀？'子夏回答说："现在您所问的是乐的问题。而您所爱好的却是音。乐与音虽然相近，性质却是不同的。'文侯说：'敢问怎么不同呢？'子夏说：'古乐，是在天地正常运行，春夏秋冬四时交替有序，百姓有德而五谷丰登，没有疾疫之灾流行，也没有不吉利兆头的情势下产生的，这就是大当。然后圣人制定了父与子、君与臣的关系准则，作为治理国家社稷的纪纲。纪纲端正之后，天下得以完全安定。天下安定之后，然后才校正六律，调和五声，进而配上琴瑟乐器，歌唱《诗》和《颂》，这就是德音，只有德音才可称为乐。《诗经》说：'（周文王之父王季）品德清明端正，是非类别分清眼中，师长国君一身兼容。统领如此决决大国，万民亲附，百姓顺从。比于文王，他的德行从无遗恨。既已享受天帝赐福，还要延及他的子孙。'说的就是这个意思。而如今您所喜好的，是沉溺在音里了啊。郑音太滥，会使人的心志迷乱；宋音安逸闲适，会使人心志陷于沉溺；卫音急促，会使人心志烦躁不已；齐音狂邪，会使人心志变得骄纵。这四国之音都会令人沉溺美色，而有害于德行，所以祭祀大礼时不用它们。'"这就是音与乐的不同。

◇原文

或曰："音与乐既闻命矣。敢问仪与礼同乎？"对曰："昔赵简子问揖让周旋之礼于子太叔，太叔①曰：'是仪也，非礼也。吉也闻诸先大夫子产曰：'夫礼，天之经也，地之义也，民之行也。'天地之经，民实则之。则天之明，因地之性，生其六气②，用其五行③。气为五味，发为五色，章为五声。淫则昏乱，民失其性，是故为礼以奉之。人有好恶、喜怒、哀乐，生于六气，是故审则宜类，以制六志。哀有哭泣，乐有歌舞，喜有施舍，怒有战斗。哀乐不失，乃能协于天地之性，是以长久。故人能曲直以从礼者，谓之成人。'"

◇注释

①太叔：传说是春秋时期卫文公子太叔仪的子孙。

②六气：即阴、阳、风、雨、晦、明。

③五行：中国古代的一种物质观，具体指代水、火、木、金、土。

◇译文

有人又问："关于音与乐，我已经听你讲明白了。请问仪和礼是否相同呢？"回答说："从前赵简子向太叔询问揖让和应酬宾客的礼节之事，太叔回答说：'你问的是仪，而不是礼。我曾经听过去郑国大夫子产说：'礼为天之经、地之义，也是百姓们必须遵循的准则。'天地之常经，百姓们是将其当作法则来对待的。以天的光明为法则，依据地的阴阳刚柔之性来做事，生成阴、阳、风、雨、晦、明六气，运用金、木、水、火、土五行。散发酸、咸、辛、甘、苦五味，化作青、黄、赤、白、黑五色，显现为宫、商、角、徵、羽五声。六气、五行、五色、五味、五声一旦过于失正，就容易产生昏乱，百姓们也会因此迷失其本性，所以制礼是用来承持百姓的本性的。人有好恶、喜怒、哀乐，这些皆生于六气，所以要研究六气而制礼，来约束这六种心志。哀表现为哭泣，乐表现为歌舞，喜表现为施舍，怒表现为争斗。哀乐不失其常，才能与天地六气相协调，才能得以长久。所以一个人如果能屈能伸来顺从礼，就可以称他为成人了。'"

◇原文

或曰："然则何谓为仪？"对曰："养国子[①]，教之六仪。祭祀之容，穆穆皇皇；宾客之容，俨恪矜庄[②]；朝廷之容，济济跄跄[③]；丧纪之容，累累颠颠；军旅之容，暨暨詻詻[④]；车马之容，騑騑翼翼[⑤]。"此礼仪之异也。夫定名之弊，在于钩鈲析辞。苟无其弊，则定名之妙也。

论曰：班固九流⑥，其九曰杂家，兼儒墨，合名法。傅子九品，其九曰杂才，以长讽议。由是观之，杂说之益，有自来矣。故著此篇，盖立理叙事，以示将来君子矣。

◇注释

①国子:具体指公卿大夫的子弟。

②秩庄:严肃庄敬。

③济济跄（qiàng）跄:形容队列整齐庄严，行动合乎礼仪。

④暨暨:果断刚毅的样子。詻（luò）詻:严肃的样子。

⑤骈（fēi）骈翼翼:形容车马行走时阵容整齐、威武。

⑥九流:秦至汉初的九大学术流派。具体指:道家、儒家、阴阳家、法家、农家、名家、墨家、纵横家、杂家。

◇译文

有人又问："那究竟什么是仪呢？"回答说："供养国中人才并教授他们六仪。祭祀时的仪容要保持肃穆、正大；接待宾客时的仪容要恭敬庄重；在朝廷时的仪容要威仪整齐、步趋有礼；丧礼时的仪容要悲哀疲惫；军队的仪容要严肃刚毅；车马行进时的仪容要整齐威武。"这就是礼和仪的不同。界定事物名称的弊端，在于一些怪癖的事物，用词汇难以界定事物的本质与特性，造成名实不相符。假如没有这个弊端，那么界定名称就是一种很好的方法。

结论：班固将天下学派分为九流，其中位列第九的是杂家。杂家兼取儒墨二家之长，融汇名法于一家之说。傅玄曾用九品论人，其第九品是杂才，长于讽谏论辩。由此看来，杂取各家之说的好处，古代人就已经知道了。所以此篇文章，全部运用杂家思想来阐述道理、叙述史事，目的是对将来的君子能有所启发。

◇处世智慧

陶朱公赎子的"悲剧"

春秋末期著名的政治家、军事家和经济学家范蠡，曾经辅佐越王勾践兴越灭吴，功成身退，遂乘舟泛海而去。后至齐，父子勠力耕作，致产数十万。齐国国君听说他贤能，便拜其为相。后来，范蠡辞去相职，定居于陶（今山东定陶西北），经商获得巨万资产，称"陶朱公"。

范蠡既能治国用兵，又能齐家保身，是先秦时期罕见的智士。史学家司马迁称："范蠡三迁皆有荣名"；史书中有语概括其平生："与时逐而不责于人"；世人誉之"忠以为国；智以保身；商以致富，成名天下"。

后来，范蠡的二儿子因杀人被囚禁在楚国。陶朱公想用重金赎回二儿子的性命，于是决定派小儿子带着大量钱财去楚国办理这件事。

长子听说后，坚决要求父亲派他去："我是长子，现在二弟有难，父亲不派我反而派弟弟去，这不是说明我不孝吗？"

陶朱公的夫人也说："现在你派小儿子去，还不知道能不能救活老二，不如派长子去吧！"陶朱公不得已就派长子去办这件事，并写了一封信让他带给以前的好友庄生，交代说："你到了之后就把钱给庄生，一切听从他的安排。"

长子到楚国后，按照父亲的嘱咐把钱和信交给了庄生。他发现庄生家徒四壁，院内杂草丛生。庄生看了信之后，对他说："你先回去，即使你弟弟出来了，也不要问其中的原委。"

但长子告别后并未回家，心想把这么多钱给他，如果二弟不能出来，那不吃大亏了？庄生虽然穷困，但却非常廉直，楚国上下都很尊敬他。他并不想接受陶朱公的贿赂，只准备在事成之后再还给他。陶朱公长子不知原委，以为庄生无足轻重。

第二天上朝时，庄生向楚王进谏，说某某星宿相犯，这对楚国不利，只有广施恩德才能消灾。楚王听了庄生的建议，命人封存府库，实行大赦。

陶朱公长子听说马上要大赦，心想弟弟一定会出狱，那么给庄生的金银就浪费了，于是又去见庄生要回了钱财。

庄生被他这种行为激怒了，又进宫向楚王说："我以前说过星宿相犯之事，大王准备修德回报。现在我听说陶朱公的儿子在楚杀人被囚，他家里拿了很多钱财贿赂大王左右的人，所以大王并不是为体恤社稷而大赦，而是由于陶朱公儿子的缘故才大赦啊！"楚王于是下令先杀掉陶朱公的次子，然后再大赦。结果陶朱公的长子只取了弟弟的尸骨回家。

长子回家后，陶朱公说："我早就知道他一定会害了他弟弟的！他并非不爱弟弟，只是因为他年少时就与我一起谋生，备尝艰辛，所以会看重钱财。而小儿子一出生就生活在富有的环境中，所以轻视钱财，挥金如土。我坚持要派小儿子去办这件事，就是因为他舍得花钱啊！"

　　金钱之于生命，孰轻孰重？似乎是一目了然之事。但是对于贪婪金钱之人来说，往往会因小失大，见利舍义，导致"鸟为食亡，人为财死"的情况。虽然千金对于陶朱公来说不是什么大数目，何况是用于救人。然而，陶朱公的长子由于过分看重金钱，结果害了自己弟弟的性命，这就是因小失大、舍义取利的恶果。